SAMPLES OF WENLING
SMALL AND MICRO ENTERPRISES

温岭小微企业成长样本

温岭市市场监督管理局 编

杭州 浙江工商大学出版社
ZHEJIANG GONGSHANG UNIVERSITY PRESS

图书在版编目(CIP)数据

温岭小微企业成长样本 / 温岭市市场监督管理局编.
— 杭州：浙江工商大学出版社，2020.11(2021.5重印)
ISBN 978-7-5178-4002-2

Ⅰ. ①温… Ⅱ. ①温… Ⅲ. ①中小企业－企业成长－
研究－温岭 Ⅳ. ①F279.243

中国版本图书馆 CIP 数据核字(2020)第 140177 号

温岭小微企业成长样本
WENLING XIAO WEI QIYE CHENGZHANG YANGBEN
温岭市市场监督管理局 编

策划编辑	沈　娴
责任编辑	刘　颖
责任校对	沈黎鹏
封面设计	王妤驰
责任印制	包建辉
出版发行	浙江工商大学出版社
	(杭州市教工路 198 号　邮政编码 310012)
	(E-mail:zjgsupress@163.com)
	(网址:http://www.zjgsupress.com)
	电话:0571－88904980,88831806(传真)
排　　版	杭州朝曦图文设计有限公司
印　　刷	浙江全能工艺美术印刷有限公司
开　　本	710mm×1000mm　1/16
印　　张	11.5
字　　数	117 千
版 印 次	2020 年 11 月第 1 版　2021 年 5 月第 2 次印刷
书　　号	ISBN 978-7-5178-4002-2
定　　价	48.00 元

序

从全国首家股份制企业诞生以来，温岭企业"勇立潮头、敢为人先"，争当改革的弄潮儿与践行者，书写了温岭经济蓬勃发展的精彩篇章。温岭经济的活跃离不开小微企业的成长发展，全市10多万家市场主体中，小微企业及个体工商户占比近96%，小微企业扎根温岭经济的各行各业，在激发市场活力、维护社会稳定、保持经济增长方面发挥了举足轻重的作用。

2015年以来，温岭滚动实施了两轮"小微企业三年成长计划"，构建小微企业健康发展体制机制，汇聚政策要素合力，破解发展难题，通过育新育优、扶弱助强、创新驱动、集聚发展、提档升级，使得小微企业主体质量更高、成长生态更佳、发展活力更足，助力温岭经济转型升级和质量效益提升。今年1至9月，温岭新增小微企业5091家，其中八大万亿产业小微企业1140家；新增"个转企"461家，新增科技型中小企业261家。温岭小微企业在筚路蓝缕、艰辛创业的历程中，由小到大，由弱到强，更是涌现了一大批"专、精、特、新"的优质小微企业，也不乏创新活力大、竞争能力强的"隐形冠军""单打冠军"。

得改革风气之先，走高质量发展之路。在助推小微企业发展上，政府职能部门要勇于担当、走在前列，一方面当好企业政策引导和服务保障的"服务员",另一方面也要做好培育、树立发展典型和总结成功范例的"宣传员"。在实施小微企业成长工作的过程中,发掘、树立一批科技创新、品牌强企、转型提升、多元开拓的小微企业成长典型。此次,选取了近30个样本,通过大量的实地采访调研,将这些小微企业成长故事汇编成《温岭小微企业成长样本》一书。这些成长样本有的通过转型升级不断壮大成长为行业领军,有的兢兢业业提升品牌质量在市场站稳脚跟,有的敢想敢拼依靠自主创新在竞争中脱颖而出,有的深耕自身行业做专做精自得一方天地,各有特色,精彩纷呈。希望从中揭示温岭小微企业成长的秘密,总结温岭小微企业发展壮大的思路、方法与途径,为温岭小微企业总体提质增效注入正能量。

全球疫情下,需求持续萎缩,我国经济受冲击巨大,小微企业面临尤为严峻的困难与挑战。习近平总书记在浙江考察期间指出:我国中小企业有灵气、有活力,善于迎难而上、自强不息,在党和政府以及社会各方面支持下,一定能够渡过难关,迎来更好发展。此时,更要发挥典型的力量,重塑信心,共克时艰,引领广大小微企业更快更好发展,为建设新时代"重要窗口"汇聚强大动力。

温岭市人民政府副市长

2020 年 10 月 30 日

目　录
contents

第一辑　转型升级　做大做强

万邦德集团:打造民族品牌的本土企业 / 003

富岭塑胶:首家台州企业在纳斯达克上市 / 010

浙江申林:结缘汽车工业,从无到有拼搏 30 年 / 014

广涛卫厨:从 6 个月无订单到国际行业巨头供应商 / 022

豪贝泵业:品牌兴业,推开世界大门 / 027

质量是企业发展的灵魂

　　——全国第一家股份制企业宝利特的成长故事 / 033

美机缝纫机:15 年砥砺发展的成长故事 / 040

第二辑　品牌打造　厚积薄发

传承百年技艺,打破吉尼斯纪录,舜浦草帽编出国际范儿 / 047

足友体育:最笃定的坚守,就是点滴积累 / 056

恒泰安全设备:质量决定品质,品质决定格局 / 062

挺威真空:两代人的接力创业,因专注而专业 / 067

松乐机电:质量是企业永恒的话题 / 072

飞鹰鞋业:插上质量和品牌的双翼,做展翅翱翔的雄鹰 / 079

东旭鞋厂:旭日东升创造"亩产神话" / 085

华一鞋业:用匠心生产换品牌信心 / 091

第三辑　科技创新　引领未来

欧港鞋业:创新引领发展,匠心铸就自信 / 099

工业牙齿:锐安硬质合金唱响工业好声音 / 104

恒远电器:从废弃的"旧校舍"飞出来的"中国智造"领航者 / 109

正标鞋业:从"小打小闹"到"智能制造"的全面升级 / 113

浙江真奇:追求卓越,成就未来 / 118

铭振电子:插上技术创新的翅膀腾飞 / 123

瑞晶机电:打造世界顶级的风机产品 / 129

星火减震器:小微企业"成长之星"是这样炼成的 / 134

第四辑 厚植深耕 做精做专

小鱼村电子商务：一座大海托起的网上商城 / 141

栖衡石舍：打造石塘精品文旅民宿的金名片 / 147

两代人的努力让乌骨鸡变成"金凤凰"

  ——浙江合兴禽业发展有限公司的创业故事 / 151

方山云雾茶业：从荒园到"生态茶园"，追梦"开心农场" / 155

红日供销：专研＋协作，深耕出农业的致富之路 / 160

中和联合会计师事务所：做好企业的"智囊团" / 165

第一辑

转型升级　做大做强

万邦德集团:打造民族品牌的本土企业

陈舒丹

一家从事机械制造业的企业,"摇身一变",成了医药企业中的佼佼者,其生产的与银杏叶相关的产品,更是成了行业内的"执牛耳者"。这家企业,便是台州市功勋企业万邦德集团有限公司(以下简称万邦德集团)。

作为万邦德集团的掌门人,赵守明先后经营过十几家企业,产业横跨机械、制药领域。早在 1993 年,赵守明公司生产的轴承便出口到全球 30 多个国家和地区;2008 年,万邦德集团有限公司成立,它是一家以研制开发和生产经营医药原料药及其制剂产品为主的高科技民营企业,旗下拥有制药、轴承、医疗 3 个支柱产业,是国家级高新技术企业、中国驰名商标企业以及温岭市十强工业企业。从 2009 年开始,它的销售额每年都以约 50% 的速度递增,

2016 年，其中某一产品年销售额已突破 10 亿元。

转型：机械厂"摇身"变药企

"你是做机械产品的，怎么又开始做风马牛不相及的药品？"在高级经济师资格评定的答辩现场，评委向赵守明抛来了问题。赵守明浅浅一笑，接着侃侃而谈。

是的，赵守明的创业经历，便是这个问题的最好答案。1978年，年轻的赵守明开始为一些国营企业加工鼓风机零配件，凭着吃苦耐劳和出众的技术水平，短短 4 年，他便积累了 30 万元的资本。经过一段时间的磨砺，1990 年，赵守明投资 100 万元，成立了万邦轴承有限公司，为机械类厂家生产配套产品。1993 年，赵守明生产的轴承，出口到全球 30 多个国家和地区。

轴承是赵守明的老本行，不过，此时的他又把目光投向了医药行业。"20 世纪 90 年代末，美国对中国实行大规模的'反倾销'，轴承行业受到很大冲击。"谈起当时"转型"的契机，赵守明记忆犹新。"那时，刚好温岭制药厂要转让，我觉得医药行业的前景不错，可以试试。"于是，2002 年 8 月，赵守明开始调整产业结构，并进行资产重组，收购了老国企温岭制药厂，迈出了企业转型升级的第一步。

当时的赵守明虽然是医药行业的"门外汉"，不过，由于深谙企业经营管理之道，他依然把企业打理得井井有条。事实证明，赵守明的选择是正确的。通过两年的不懈努力,2004 年,万邦德制药集团终于在国家限定的 GMP 认证期限内,顺利完成了从城区搬迁到开发区的规划目标,并一次性通过了固体制剂等车间的国家 GMP 认证,其后,原料车间也相继通过了 GMP 认证。至此,万邦德制药集团已成为拥有标准化厂房,具备一定生产规模的制药企业。

值得一提的是,通过不断并购重组,赵守明的药企拥有了 188 个药品生产批准文号,成为浙江省内拥有药品品种较多的制药企业。

探索:一片银杏叶闯荡市场

2017 年 4 月 15 日,由万邦德集团主办的"银杏叶滴丸医研企协同创新联盟成立大会暨第一届万邦信诺康银杏叶产品研究与发展高峰论坛"正式拉开了序幕。会上,中国药科大学药学院院长郝海平教授和万邦德集团董事长赵守明共同为"银杏叶滴丸医研企协同创新联盟"揭牌,该联盟由中国工程院院士王广基教授担任主席,汇集了中国人民解放军第二军医大学张卫东教授、北京市药品检验所郭洪祝教授、浙江大学范骁辉教授等 24 位业内顶尖专家。至此,万邦德集团的银杏叶产品,在国内拥有了至高话语权。

一片银杏叶,开启了万邦德集团在医药领域上的征程。

银杏叶滴丸是万邦德制药的明星产品。这样的黑色丸子,和普通的中药丸有什么区别呢?赵守明说,滴丸剂型不通过肝脏代谢,而是通过毛细血管直接吸收,用药相对安全。作为中药现代化新型口服制剂的升级产品和预防、治疗心脑血管疾病的一线用药，银杏叶滴丸越来越受到市场的青睐。它先后进入国家中药保护品种、全国独家生产品种、国家基本药物目录。目前国外的银杏叶还没有滴丸这种剂型。

而银杏叶滴丸从研发到投产，再到发展壮大，历经了近20年的辗转。在拿到银杏叶滴丸的批准文号之前，北方一家知名药企曾想以2000万元的价格买下新药专利。2000万元，这对于刚刚起步的企业来说是个大数目，但赵守明思量再三，最后拒绝了这笔买卖。因为经历了轴承反倾销这场"消耗战"，他深刻地体会到，企业要生存壮大，一定要有长远的发展目标，一定要拥有市场竞争力、高科技含量的主营产品，一定要有属于自己的核心知识产权。

赵守明的坚持，换来了银杏叶滴丸的成功。投产后，银杏叶滴丸越来越受市场青睐，先后进入国家中药保护品种、《国家基本药物目录》（2012年版），2010年被医药观察家精英俱乐部评为"最具市场潜力新品奖"。

还是那枚银杏叶，赵守明出资1亿元，受让全球独家产品——注射用银杏叶提取物冻干粉针项目，如产品获得生产批文，将在医药行业产生极大的影响，成为销售量较大的注射剂产品之一。

突破：自主知识产权开启发展引擎

新产品石杉碱甲的推出，启动了万邦德制药二次腾飞的引擎。

"全国独创,国际首创"的石杉碱甲曾荣获第三届全国发明展览会金奖。万邦德制药是国内首家获得石杉碱甲原料药药品注册批件的企业。"石杉碱甲已突破了关键的技术壁垒,从原来的纯中药提取转变为化学合成,大大降低了成本,并已申报了合成石杉碱甲的国际和国内发明专利。"赵守明自豪地告诉记者,"接下来,我们要做全石杉碱甲的系列产品。"

万邦德制药还计划在国家廉价药和基药方面,在自有的 188个产品基础上,通过三年努力,培育 10 个单品种价值在上亿元的产品并陆续上市,这些将为万邦德的进一步发展插上腾飞的翅膀。

除了新产品的不断研发与推出,销售模式的变革也为万邦德的发展壮大带来了动力。2013 年 9 月,万邦德制药的销售总部回归温岭,这支销售团队在全国有近两千人。"温岭市委市政府对我们也很支持,并出台相应的扶持政策。作为企业来说,我们对今后的发展充满信心。"赵守明说。

在赵守明的带领下,万邦德制药集团还建有院士专家工作站、浙江大学-万邦德中药现代化联合研究中心、中国药科大学-万邦德药物联合研发中心、心脑血管药物省级高新技术企业研究开发中心及省级企业技术中心、省级企业研究院。现已取得国家授权专利 20 项(其中发明专利 15 项),再审发明专利 8 项。企业注册商标被认定为中国驰名商标,并有 62 个品种、78 个品规进入 2012 版《国家基本药物目录》,69 个品种进入《国家发展改革委定价范围内的低价药品清单》。

腾飞：收购外国企业带动百亿产值

2015年，时任中共浙江省委书记夏宝龙来到万邦德集团视察。视察结束后，准备上车的夏宝龙像是想起了什么，转身对赵守明说："为什么不试着搞医疗器械？"

夏宝龙的一席话，让赵守明有种茅塞顿开的感觉——是啊，公司既有品牌原料，又有适销品种，如果再做医疗器械的文章，无疑将会打开一个新局面。

于是，赵守明开始频频出访南非。"之所以选择南非，是因为南非的医学很发达，世界上第一例心脏移植手术就是在南非获得成功的。"医疗器械行业潜力无限，国内的研发能力却不尽如人意，赵守明让朋友四处留意标的，终于在南非"淘"到了"宝"。

2016年6月10日，赵守明执掌的万邦德集团在南非投资成立的安兰医疗（中国）有限公司，正式收购了南非医疗机械企业特迈克公司和爱立特公司。据了解，这两家医疗器械公司均是面向全球的国际化企业，爱立特是一家高端植入型骨科医疗器械生产企业，研发实力雄厚，产品可与国际两大巨头强生、美敦力公司同台竞技。而特迈克则是一家医疗器械销售、医疗工程服务及医院技术外包型公司，是整个非洲地区为数不多的几家具备从医院整体设计，到全套设备采购、安装、维护，再到医院管理系统开发及医生技术培训等全方位"交钥匙"工程能力的企业之一。

　　有了这两家企业"傍身",万邦德集团将有望实现年产值超过
100亿元,创利税25亿元,小镇集聚人口3万人,每年吸引各地旅
游客流量30万人次以上。

　　在赵守明的心中,一直有一个梦想——做中国的民族品牌,走
向世界。如今,银杏叶滴丸和石杉碱甲走出了国门,而即将开启的
健康小镇,将会把健康带给世界、带给更多人。

富岭塑胶：首家台州企业在纳斯达克上市

吴　军

2015 年 11 月 5 日凌晨，台州富岭塑胶有限公司正式在美国纳斯达克证券交易所挂牌上市，该公司股票交易代码为"FORK"。这是台州市首家在境外上市的本土企业。

为美国的肯德基、麦当劳制造塑料餐具

台州富岭塑胶有限公司（以下简称富岭）是一家专业生产环保餐具，集科研、生产、销售为一体的外资企业，目前是温岭市塑料行业协会会长单位，创建于 1992 年。2014 年，该公司实现产值 4.0975 亿元，利润 4203 万元，其中自营出口额 7585 万美元，连续 11 年成为台州市塑料行业出口龙头企业。

富岭公司也是台州塑料行业最大的海外代工厂之一，是美国五大快餐企业之中肯德基、麦当劳、汉堡王、赛百味的塑料餐具和吸管的生产企业，沃尔玛等超市的 OEM 产品也是他们生产的。

据了解，该公司拥有生产基地 4 个，研发中心 1 家，在美国设分公司 3 家，市场遍及美国、欧洲、澳洲、南美洲以及中东等国家和地区，其研发中心与中科院理化所合作，共同建成了温岭市首家省级院士专家工作站。2014 年，该公司投资 2812 万元，上马年产 1.4 万吨可降解塑料餐具技改项目，主要用于购置节能伺服注塑机、机械手、包装机等设备，产品采用生物降解应用及技术和纳米改性复合材料，该项目属绿色环保项目。

持续不断的技术投入

富岭成为行业单打冠军并非偶然。这么一家专业生产塑料餐具的传统企业，产品小到吸管、刀叉，大到托盘、容器，可以做到经历两次金融危机洗礼依然"笑傲江湖"，秘密武器就是技术创新。"如今 7500 万美元的规模，近年来愈演愈烈的'用工荒'倒逼我们企业走技术改造、转型升级之路。"富岭每年投入技术创新的资本就达到几千万元。

走过富岭一间接一间的实验室，年轻博士们带领的技术人员在现代化测试设备前专注地忙碌着，整整一个楼层 1500 平方米的检测中心，就是富岭的"秘密基地"，也是富岭院士专家工作站将科研成果转化成企业效益的地方。

2011 年底，在台州市、温岭市科协的全程跟踪服务下，富岭顺利地与中科院理化所合作共建了温岭市首家院士专家工作站。进站院士专家团队共 8 人，有中国工程院院士吴以成，中科院理化所党委书记、副所长黄勇，国家工程塑料中心总工程师季君晖，等。自此，研发能力相对薄弱的富岭有了院士专家的鼎力相助。"传统塑料加工企业如何转型升级"的成长烦恼有了解决之道。

院士专家结合石油资源日渐减少的发展背景和富岭的实际情况，提出了开发和生产绿色环保塑料产品，提高绿色环保材料在产品中的份额将是转型升级的主要方向。

作为出口企业，发达国家提高降解塑料使用份额的要求，对富岭来说一直是压在心上的石头，投入了大量的人力财力，但是由于技术及知识的局限，一直没有取得满意的成果。于是，以吴以成院士为核心的专家团队开展了 PBS、PLA、纤维素及改性等一系列与降解技术有关的研发工作，成功突破和掌握了 PBS、PLA、纤维素应用的最新技术及其应用，并开发了兼顾降解性能和力学性能的优良环保餐具，解决了企业全降解产品淀粉填充量不高、韧性不好等难题，其第一阶段已完成成果转化，增加企业销售额 3200 万元，利税 450 万元，创汇 500 万美元。产品得到了麦当劳、温迪斯等国际快餐巨头的青睐，很快就打开了国际市场。

创新能力的提升增强了企业进一步发展的底气。2014 年，公司在美国宾夕法尼亚州开设了新的生产基地，在院士专家的支持下，把科技成果带到了国外。

令人敬佩的是，富岭检测实验室已与 20 余家企业签订了检测优惠协议，并向当地的塑料加工企业开放。另外，富岭还将自己开发的材料成果向周边的塑料企业推荐并予以指导。

与院士的合作开启了富岭新一轮转型升级，在实现自我发展的同时，也引领着同行业其他企业良性发展。

用资本加大国外基地的扩建力度

富岭通过在美国纳斯达克市场上发行 IPO 筹得 2000 万美元，并计划用这笔资金对中美的生产基地进行扩张。在 IPO 呈报中，富岭坦承，在美国上市是"在对我们最重要的市场上寻找新机遇"的一种方法。

富岭在 IPO 呈报中说，公司将投入 950 万美元在中国新建一座工厂，这将是其在国内的第四座工厂。IPO 募资还将拨出 330 万美元，进一步扩张 Allentown 工厂，并投入 390 万美元完善运营，包括经营资本，并在美国建设销售网络，包括在芝加哥和达拉斯新建物流中心。该公司表示："我们对 Allentown 工厂的未来很看好，我们认为这种模式对于富岭和美国客户来说是互惠互利的。"

浙江申林：结缘汽车工业，从无到有拼搏30年

彭　立　赵碧莹

温岭有这样一家企业，它是大众汽车、福特汽车、通用汽车、上汽集团、采埃孚的供应商。温岭的这家企业，和上汽集团的合作始于1988年，那时候，这家企业连个像样的厂房都没有。用其董事长的话讲：那时候真不叫个企业，是个体户，生产用地就像是家里的土灶房，面积才30平方米。

就是这家企业，在这几年众多企业都嚷着生意难做时，它的订单在2018年初时就已经排到了2019年。

这家企业就是位于温岭市箬横镇的浙江申林汽车部件有限公司（以下简称申林汽车部件）。

"小黑屋"里创业，卖补鞋机起家

第一次走进申林汽车部件，他们还在拥挤的旧厂房里，再一次走进申林汽车部件时，他们已经搬进了新厂房，用上了新购入的自动化设备。在机器轰鸣声中，董事长林大明说："这几台自动冲床每台价值 100 万元，而传统的只要 10 万元一台。但是这些自动冲床却能节省八九个人，比起如今高涨的人工工资，这几台冲床买得值了。"说这些话时，林大明充满了自豪感。林大明的意气风发因着如今企业正蒸蒸日上，也因着他在企业还没有成型时抓住那些机遇，有了申林汽车部件今天的成就。

在温岭，每一个成功企业家的背后都有着不可言说的苦楚和一路创业的精彩，林大明也不例外，他一手创立的申林汽车部件的发展史中有很多很精彩的故事。比如，和上汽集团合作时，他的企业还在一个"小黑屋"里，用他的话说，"那就是一个土灶房，地面还是泥的，人也就三四个，夸张点说，生产厂房黑得都快不见五指了"。而就是这样一个生产厂房，竟然入了上汽集团这样的企业的眼，实在是一件不可思议的事。

林大明说："和上汽合作，真的是机缘巧合，我从 1975 年开始就做机械，最初我就是生产补鞋机，生产好补鞋机，凌晨两三点起床去牧屿卖。辛苦是肯定的，牧屿的集市早上 7 点就结束了，我每天两三点起床，先坐汽船到新河，再从新河中转到牧屿，通过卖补鞋机赚到了第一桶金。"

小工厂通宵赶工，结缘上汽集团

对林大明来说，1986年是一个转折点，那一年，他第一次接触上汽集团。那时候，林大明的企业还叫机电五金配件厂，他的生产设备是他花了1200元从上海买来的一台旧车床，还是报废了、断掉的旧冲床；那时候，他正在为海门的一家国有企业做配件，每天骑着自行车长途跋涉几十公里到海门去交货。

那一天，和往常一样，林大明又一次骑着自行车到海门去交货。"海门这家企业当时就在为上汽做配套，当时的上汽还不是上汽集团，而是上海汽车工业公司、上海汽车齿轮厂。"林大明说，当时海门这家企业刚好有一批出口的订单要交给上汽，但是其中一只油封骨架出了一点问题，必须重新生产，因为时间很紧，只有一天时间，对方急了，直问怎么办，谁能赶工生产。当时海门的这家企业推荐了林大明，这一推荐就给林大明带来了企业腾飞的机遇。"我从椒江赶回温岭，当天通宵开模具，白天放在冲床上生产，然后又骑车赶回椒江，24小时之内完成了任务，让他们准时交了货。"林大明说，他的速度让上汽在场的负责人都感到很惊讶。"他们以为我们是完不成的，因为一般从开模到生产起码要三天时间。可是我们完成了。"林大明说，当时对方特意询问了他是做什么的，得知他是生产冲压件的后说，如果有机会，会再来找他们合作。

别人要花两三年才能完成开发，他只花了三个月

两年后，机会来了。1988 年之前，国内还是计划经济，一年才生产 1000 辆桑塔纳。那时候的桑塔纳一辆二三十万元，虽然产地在中国，但除了蓄电池、天线等极少数零件外，几乎所有零部件都不能国产。"当时，国家就提出推进工业各行业国产化，因为一年只有 1000 辆桑塔纳，量很少，上汽又忙，就想到找外厂做配套。因为两年前的事，对方想到了我。"林大明说。也不是没有竞争对手，但大企业顾虑多，一方面量小不想做，另一方面又怕失败，林大明却是初生牛犊不怕虎，有了机会就想努力抓住。他从海门坐轮船到上海，一路坐公交好几个小时，找了好久才找到了上汽，向对方提出试制轿车导向套的要求。因为只是个小厂，对方很是犹豫，林大明就表示如果不成功就不要钱。在这样的情况下，厂长答应给林大明一次机会，让他试着生产。

林大明承诺三个月内会准时交货。对方笑了，显然并不相信："别人生产加研发可能都要两三年时间，三个月怎么可能。"林大明并不管那么多，他匆匆回厂，立即组织技术力量，找资料，开模具，试生产。两个半月后，他接到上海方面的电话，询问进展。林大明告诉对方，已经初步成功。对方还是不怎么相信，在没有通知林大明的情况下，从上海赶来了箬横。林大明一点准备也没有，因为厂房太破旧，他不敢直接把对方带到厂房，而是带到了当时箬横镇工

办的会议室,自己去搬了模具,拿出样品给对方看,他们这才相信是真的成功了。"刚到箬横时,对方连和我们吃饭都拒绝了,直到看到成品,才一起吃了顿饭。"林大明说。成功总是坎坷的。当时交出的 100 套导向套,被对方带回去全面测试,检验合格。"可是在他们进行热处理时,报废率却达到了 90% 以上。"林大明简直不敢相信这一事实,他又一次跑到上海,向对方要了一只德国原产的导向套回来研究,发现导向套内侧的毛刺是向上的,推断这是一个倒工艺产品。根据这个判断,他猜测德国的技术应该是热处理后再冲床。"我在自己厂里试了一下,果然如此,就又拿着研究出来的结果赶回上海。一开始他们的专家不相信我的判断,直到我当着他们的面成功做出后,他们才彻底相信。"林大明说,在那之后,上汽方面就非常相信他的产品,订单源源不断地到来,直到如今也没有断过。

产品征服美国专家,冲压摇臂装进通用汽车

从 1988 年给大众配套到 1998 年进入通用配套体系的 10 年间,桑塔纳变速箱的冲压件几乎都由申林汽车部件独家配套。1998 年,林大明开始与上海通用公司合作。当时,美国通用公司要在上海投资 6 亿元制造轿车,通用轿车的发动机摇臂要求全部国产化。林大明试制了发动机摇臂样品,但是做破坏性试验时,只达到 100 万次就断了。而按照通用公司的质量要求,要达到 5000 万

次以上。明明是按照图纸生产的，为什么达不到标准呢？

　　林大明反复研究，发现制作摇臂的其中一个环节有问题。于是，他带领研发人员改进工艺，专攻这个环节。攻关成功后，林大明将发动机摇臂拿到美国去做破坏性试验，结果达到 7000 万次也不断。美国通用公司并不相信这个结果，还派了专家组赶到箬横进入车间、热处理实地考察。这些专家生怕造假，特地买来面包，坐在炉前，一坐就是 8 个小时，亲眼看着产品做出来，然后带回美国去，试验结果还是 7000 万次不断。优异的质量彻底征服了美国专家，从而拉开了申林汽车部件和通用公司的合作，供货量从最初的每年 30 万件，到后来的每年 300 万件。

合作品牌越来越多，研发才是重中之重

　　申林汽车部件这些年有了更多的合作伙伴，比如一汽大众、格特拉克（江西）汽车部件、东风格特拉克、上汽变速器、采埃孚汽车变速器等一线品牌。能做出这样的成绩，在林大明看来，最主要的原因还是企业对质量和对顾客服务的要求。"创新发展才是一家企业的重中之重。"林大明说，在和大众、通用、福特、采埃孚这些知名品牌的合作过程中，对方都有重视质量、环保、安全的要求，还有就是对新技术的要求。比如申林汽车部件的主力产品 DCT360 飞轮连接板，林大明整整花了 8 年时间研发，投入上千万元，到 2018 年才真正批量生产，预计能为公司带来 1 亿元的产值。

2008 年,格特拉克进入中国为福特开发野马跑车的变速箱,申林汽车部件凭着优越的质量体系成功进入福特的配套体系,开发了全套变速箱拨叉轴,使用至今,连续 4 年被评为优秀供应商。"如今,我们还和一所高校在合作研发一条自动化生产流水线,准备在数控机床上加机器人,将各个环节都连接在一起,能实现上料、下料、检测等多个环节的自动化,到时候 7 道工序只需要 1 个人即可操作,能大大节省人工。"林大明说,这条自动化流水线的研发已经花了 3 年多时间,现在样品已经成型。

企业发展了,始终不忘党建

申林汽车部件党支部成立于 1994 年,目前有正式党员 20 人,预备党员 2 人。党支部经常组织学习十九大精神、学习习近平新时代中国特色社会主义思想等,不忘初心、牢记使命。近年来,申林党支部充分发挥政治优势,紧紧围绕企业发展实际,通过打造"实践之林、品格之林、文化之林、温暖之林、硕果之林"等五个林党建品牌,推动党建工作和企业发展互荣共进,这项工作受到了浙江省委组织部有关领导的表扬。企业在发展的同时,也积极落实安全生产责任制,在厂区内宣传"党员身边无事故"和"设备管理年"活动,划分党员责任区,落实激励措施,从而形成了安全生产党员领头抓,职工全员参与的良好氛围。

现在的申林公司是温岭市五十强企业,箬横镇纳税十强。创始人林大明陆续获得了台州市十大杰出青年、温岭市明星企业家、温岭市总商会副会长、箬横镇商会会长、温岭市劳动模范、温岭市人大代表、浙江师范大学行知学院兼职教授等荣誉。

广涛卫厨：从 6 个月无订单到
国际行业巨头供应商

王晓星

它是国内生产热交换器产品的龙头企业，它凭借领先的技术和过硬的产品品质，已成为博世、阿里斯顿、威能、樱花等世界级行业巨头中国供应链上的大厂商，更是国际知名供热品牌德国威能在中国的独家供应商——它就是浙江广涛卫厨有限公司（以下简称广涛卫厨、广涛）。

然而谁也没想到，这个产值近 5 亿的企业，当年的创业资金不过区区 79 万！现已拥有 70 亩现代标准化工业厂区的广涛卫厨当初只有几十平方米的"小黑屋"，创业初期甚至 6 个月零订单……陈文广、陈文涛两兄弟回忆起公司的创业之路，感慨满怀。

42岁"再出发"，兄弟两人联手创业

2000年，温岭市热水器厂改制，42岁的陈文广任温岭市热水器厂生产技术部副厂长。用陈文广的话说，"当时我就是个下岗工人"。看着身边同事纷纷参加培训再就业，陈文广心里却有了自己的小算盘。当时陈文广的弟弟陈文涛一直为温岭市热水器厂做产品配套生意，兄弟俩凭着对国内热水器行业市场的了解，认为当时中国热水器市场热交换器产品细分领域还存在着空白，蕴藏着巨大商机。说干就干，兄弟俩当时便把所有家当79万元拿出来，投入成立了台州广涛卫厨有限公司——现浙江广涛卫厨有限公司的前身，开始了创业之路。

6个月"零订单"，另谋出路维持运营

创业初期，虽有技术，但因缺乏产品营销及公司运营经验，公司产品一时打不开销路，步履维艰，6个月"零订单"，严重入不敷出。面对此困境，兄弟俩只有一个信念，"无论如何让企业活下来"。既然没销路，那就另谋出路，借力热水器维修市场。以前厂里的好多同事都开了热水器维修店，通过他们的帮助，以及兄弟俩"毛遂自荐"主动上门向热水器商铺推销，把公司生产的热水器、热交换器等产品寄放于商铺中销售，赚取利润来维持公司的基本运营。"虽然销路没打开，但因为我们生产的产品质量过关，总是会

有老顾客,总算让企业生存了下来",这样一干便持续了 3 年。

失而复得，赚取 600 万的第一桶金

广涛卫厨一直将自己定位为技术性企业。2000 年,看到浙江省内卫厨行业焊接技术滞后,兄弟俩便率先从天津引进了铜的焊接技术,可因无法满焊,热交换器在使用过程中出现外围箱体烧坏现象和环绕盘管应力造成漏水问题。广涛明白,"生产技术才是企业核心竞争力",为了让产品尽善尽美,只有走改革这条路。公司技术人员花费 2 年多时间,试验达上百次,投入 50 多万重新改革工艺,研发了热浸铅锡工艺,采用高速离心甩落多余铅锡,大大提高了热传导能力,解决了这一问题。

"打铁还需自身硬,我们一直等待着机会的降临。"2003 年,兄弟二人通过朋友介绍认识了苏州客户,再由苏州客户牵线,接到了为台湾客户生产 3 大箱集装箱热处理器的订单。当第 2 批集装箱热处理器生产完成准备收款时,苏州客户却要求增加提成,让广涛降价 5%。这一降价,已根本无利润可言,无奈之下,广涛终止了与台湾客户的合作关系。但是半年后,陈文广办公室电话响起,听筒里传来台湾口音,说苏州客户为他新介绍的广东企业做出来的热处理器产品质量不过关,检测不合格,还是觉得广涛工艺精湛,产品质量好,以后想跟广涛保持长期的合作关系。就这样,2003 年这一年,广涛销售额便达到了 600 万元,赚取了"第一桶金"。

锐意进取，叩开世界顶级厂商的供应链大门

创业伊始，广涛的产品采用传统镀合金工艺，因含有重金属并不环保，那时也没有知名的客户找上门来，广涛一度陷于发展滞缓的尴尬境地。2008 年，日本首创无氧铜技术，兄弟二人敏锐地察觉到，这一创新工艺将会为整个行业带来颠覆性的变化，因此果断跟进这一趋势，成为中国业内首家成功研发无氧铜专利技术的企业。2008 年底，使用全新工艺生产的产品一经推出，广涛便接到了铺天盖地的订单，也成功地叩开了世界顶级厂商的供应链大门。目前，广涛仍然保持着国内无氧铜工艺领域的领先地位，在热交换器这个堪称小众的细分市场，广涛不仅傲视国内同行，在国际上也鲜有对手。

18 年技术领航让"中国制造"走得更远

"我们至今没有销售团队，都是客户自动找上门，目前光技术部门就有 70 多人，全力研发新技术，如今，我们的技术部门正在研究如何破解不锈钢卫厨产品热吸收能力差的难题，以达到与铜同水平热吸收能力……"陈文广讲起技术总是滔滔不绝，"每一次改革都是挑战，也都为我们打开了更广阔的市场。"

正因为这份坚持，广涛产品的低热值热效率才可以从国家要求的标准 80％到 84％再到 88％乃至现在的 102％，先后获得"国家

高新技术企业""安全生产标准化三级企业"等荣誉,公司率先在行业通过了 ISO90012002、ISO90012008、ISO40012004 环保管理体系认证,3C 产品质量认证,出口欧盟产品获 CE 认证,等。

高度,源于不断的超越。在成绩和荣誉面前,广涛并没有停下前进的脚步,而是和自己的科研团队紧锣密鼓地开始了新一轮的技术攻关。如今,原有的生产用房已无法满足企业猛增的订单需求,他们计划扩充 30 亩厂区用于专门研发并推广不锈钢卫厨产品,进一步加大对先进设备、技术、工艺的引进和更新投入,持续为企业的创新研发添柴加薪,让"中国制造"走得更远。

豪贝泵业:品牌兴业,推开世界大门

林小雪

在温岭,有一家让客户和用户皆印象深刻的"快乐"企业——豪贝泵业,"HAPPY"是豪贝的谐音,亦是豪贝泵业的商标。凭借20载的拼搏发展与品牌建设,豪贝泵业不断成长、壮大,以微笑的姿态叩开了海外市场的大门,产品远销欧洲、东南亚、美洲的50多个国家和地区。2018年,公司凭借在1.53万平方米占地面积上做出22500万元的高产值,上交1108万元税费的高产出、高效益,连续5年入选温岭市重点工业企业名单。

顺潮而上,开启创业之路

20世纪八九十年代,温岭市大溪镇遍地冒出水泵、鼓风机、电机生产民营小企业,生产水泵的家庭作坊遍地开花,温岭泵业集群初露雏形。看到泵业发展的前景,1988 年,管敏成在自家住房办起了温岭第三螺杆泵厂,招收了十几名员工,专门从事螺杆泵加工。随着社会需求的多元化,单一生产螺杆泵渐渐满足不了市场需求。1997 年,管敏成经过反复考量,决定将第三螺杆泵厂改制为专业生产水泵的股份制企业,这才有了如今的豪贝泵业。

最初,和众多水泵企业一样,豪贝泵业的产品仅仅销往国内各地,但随着国内市场的不温不火,公司遭遇发展瓶颈,管敏成意识到,如果只做国内市场,发展前景将不容乐观。于是管敏成有了更大胆的想法:让自家产品走出国门,寻求更大的发展,成为国内外知名自主品牌。

困境中大胆尝试,坚定品牌之路

当时,在经历国际市场热度不再、国内劳动力成本飙升之后,外贸企业依靠单纯代工、生产低端产品已难以为继,唯有向微笑曲线两端加快进发,发展自主品牌。然而,在国际市场打造品牌是件很不容易的事,甚至可以说是困难重重。研发投入大、花费精力多、研发、运营、拓展国际市场样样都要顾,企业走得十分不易。"最大的困难在于,在当时,国外客户对中国产品的印象很差,对我们的产品也很有抵触情绪,没有人认可'豪贝',可以说是无人问津。"管敏成说,"连续三个月'零订单',这在开拓新市场上还是前所未有的。"

管敏成一直坚信"品牌兴业，创新致远"，排除万难也要走出自己的品牌之路。为打开国际市场，管敏成注册了"HAPPY"商标，开始抓准每一次机会参加各种国际展会，用管敏成的话说，不为接到多少订单，就为了让国外客户知道"HAPPY"产品，提高知名度。

第一次参加广交会时，其实不是参展，而是"蹭展"。"当时温岭水泵企业已经挺多，但是几乎没有去参加广交会的。我对广交会也不了解，只是抱着试试看的心态去的。"因为什么都不知道，管敏成到了现场才发现，展位要提前半年报名安排，所以只能带着水泵跑到熟人的家居展位上"蹭展"。此后有了经验，每次做足准备，企业参展之路才渐渐顺畅起来。

展会结缘，终究迎来机遇

2005年，豪贝在拓展海外市场上迎来了转机。管敏成在迪拜参加一个五金展会，顺便考察当地的水泵市场。那时候没有外贸业务员，管敏成又不懂英文，为了顺利和外国客户沟通，特意聘请了两名在迪拜留学的中国留学生当业务员，将豪贝泵业的产品介绍出去。"豪贝水泵的品质我很有信心，缺的就是机会。"管敏成说。千里马终会遇到伯乐，凭着性价比高的优势，豪贝泵业第一次成功接到了来自国外的两笔订单。"第一次合作，看得出来对方有所顾虑，只试着拿了两个集装箱的货。我当时就想，怎么也不能错过这个机会。一回到公司，我们就开始召集各部门排计划、抓生产，铆足劲头干。因为品质好，对方很满意，我们逐渐赢得了信任，对方的订单也越来越大。我们至今仍保持合作关系。"管敏成说。这成功的第一单，让国外的客户了解到了豪贝水泵的优良品质，有了突破口，国外市场也慢慢打开了。

之前，豪贝的年产值已经在两三百万。2005 年，豪贝泵业的年产值翻了一番，光是国外订单金额就有两三百万。如今每年的广交会，温岭的水泵都会有品牌区，各类企业纷纷在这里展示产品，豪贝泵业的展位也从最初的半个变成了如今的品牌展位。

未雨绸缪，开拓广阔市场

作为豪贝泵业的负责人，管敏成从来不把鸡蛋放在同一个篮子里，他说："很多企业会把出口重心放在一个地方，但对于我来说，全部市场都是重点。"

如果问起豪贝泵业的产品市场，管敏成会给你数上大半天，"中东、欧洲、美洲……我们的客户来自 50 多个国家和地区，分布在全球各地。"这几年，国际贸易市场风云变幻，一不小心就可能被外商制约。面对变幻莫测的外贸形势，豪贝泵业积极应变，开拓更多国际市场，先后在全球 50 多个国家和地区注册了"HAPPY"品牌，设立了豪贝水泵代理点，独家代理豪贝产品。管敏成说，这样一方面是保护自身权益，另一方面也是防御措施，"东边不亮西边亮嘛"。

专注研发与制造，打造匠心品质

"质量立市、诚信为本"一直是管敏成的经营理念。随着客户对品质的要求越来越高，在提升生产效益的基础上还要提升品质，管敏成开始在改善工艺流程上下功夫。自 2003 年起，豪贝泵业陆续引进线圈真空浸漆、自动烘干等水泵自动化生产设备和水泵性能出厂自动采集检验测试系统等先进设备，整个生产线，从泵体铸造加工、电机嵌线、转子冲压到整机的安装及检测，基本实现了流水线操作。

豪贝泵业的电机车间里有 4 条自动嵌线流水线、漆包线，定子从一端进去，经过不到 10 米的流水线，终端连接漏电检测仪器，出来就是一个完整的电机机身。管敏成说："这个嵌线车间，原先需要 60 个工人生产，上了流水线后，20 个工人即可轻松应对。"而在装配车间，随着自动化设备的运行，原先装配 1 万台水泵需要 10 名工人用时 1 个月，现在只需 5 名工人用时 1 个月，效率整整提高了一倍。管敏成介绍："引进设备机器换人后，不仅生产效率提高了，产品质量也随着提高了，水泵的成本降低了。"

"要想品牌做得响，品质是首要，创新是根本。"管敏成说。公司设有专门的技术中心，引进了三维设计系统、电机电磁设计、有限元分析等先进辅助设计软件，对电机进行更深入、更精确的分析和计算，大大加快电机设计、生产的研发周期。目前，公司已获得了国家专利 25 项,其中发明专利 9 项。

"全国水泵产业知名品牌创建示范区骨干企业"、"国家高新技术企业"、"浙江制造"认证企业、"浙江省知名商号"、"浙江名牌产品"、"浙江制造精品"、"浙江出口名牌"、"浙江省名优特出口企业",随着公司的荣誉越来越多,豪贝泵业的拓外之路走得愈加坚定。未来,豪贝泵业将秉承精益求精的工匠精神和不断推陈出新的创新精神,打造更优品质,让"中国制造"走得更远。

质量是企业发展的灵魂

——全国第一家股份制企业宝利特的成长故事

周　杰

经历会让一个企业变得沉稳而厚重，故事里有历史，更有难得的财富。说起温岭鞋业的发展历史，有一家企业不得不提，它比大多数鞋企走得早、走得快，1982 年开始生产鞋子，1995 年就走出国门，曾经一年生产 1750 万双鞋子，员工 6000 多人，它就是宝利特集团股份有限公司（以下简称宝利特）。

数十载沧桑砥砺，栉风沐雨铸辉煌

每个成功的企业都有着不平凡的发展历程，宝利特 37 年屹立不倒的背后是质量提升的故事。

宝利特是中国皮革行业重点企业之一,台州市鞋类制造业出口龙头企业,主要生产胶粘鞋、聚氨酯浇注鞋、PVC 注塑鞋三大系列产品;厂区占地面积 72000 平方米,厂房建筑面积 135000 平方米,职工 2000 人,总资产 3 亿元,拥有 13 条流水线(2017 年新增 2 条流水线),日产能 3 万余双,出口创汇 5000 万美元,产品远销世界 100 多个国家和地区。

凭借"诚信、负责、务实、创新"的经营理念,现代化的企业制度,先进的企业文化,良好的激励机制,高素质的管理团队,优秀的员工队伍,公司始终保持着健康发展的活力和态势,并得到社会各界的肯定和赞誉。

"质量是企业的生命",宝利特能够持续发展,就是把质量放在了第一位。早在 1996 年,宝利特就获得了"中国名牌"称号,1999 年在同行业中率先通过 ISO9002 质量体系认证,2003 年获得"全国鞋类商品质量达标诚信单位"称号。37 年的发展中,宝利特先后获得了"中国鞋类出口基地重点企业""中国驰名商标""国家出口免验产品""国家信用管理 AA 级企业""中国质量诚信奖""浙江名牌产品""浙江出口名牌""海关 A 类企业""浙江省著名商标""浙江省知名商号""浙江省 AAA 守合同重信用企业""全面质量管理达标单位""台州市市长质量奖"等荣誉,而这些更是对宝利特产品质量的认可。

姓"资"姓"社"的苦恼，破茧而出的传奇

1982 年，陈华根与同村村民王华森等 4 人一起，采用亲帮亲、邻帮邻的传统生产组织方式，筹资 9000 元，合伙创办了一家工艺品厂——牧南工艺美术厂，最初的产品是塑料鞋刷。"我们从此做生意，再也不用到大队里开介绍信、开发票、领合同书了。"陈华根说。但是，企业办起来后，在开始的几年间竟一直不敢挂牌。让他不敢挂牌的当然还是那个姓"资"还是姓"社"的问题。陈华根说："我们办企业，就有人说我们剥削雇工，'总有一天会批斗你的'。"为避免惹麻烦，不敢挂厂牌，就连做产品也在租的民房里偷偷赶工，用木板把窗户钉死封住，只怕别人知晓。

当年，企业带"红帽子"是颇为流行的现象，为了企业的生存，陈华根也赶了这个时髦。1982 年 11 月 28 日，他和王华森写了一份申请报告，送到温岭县社队企业管理局，要求批办集体企业性质的牧南工艺美术厂。没想到，管工商企业登记的干部陈心鹤思想比陈华根等人还要开放。他说："国家鼓励创办私营企业是大势所趋，我干脆给你们登记成联户、合伙企业。"经过多方努力，最后经温岭市工商行政管理局核准登记，组建了温岭市牧屿牧南工艺美术厂，成为中国第一家股份合作制企业，而这也成了传奇之路的开始。

用心制鞋聚客商，以质取胜促发展

"追求卓越品质，领先行业水平"一直是宝利特奉行的理念。

20世纪80年代，牧南工艺美术厂创立，从无到有，敢为天下先，却也顶着巨大的压力，创业之路充满了坎坷。企业创建之初，各方面的艰难可想而知。没有生产厂房，家里就是车间；没有好的设备，双手就是机器；没有员工，老板亲自上阵。为了彻底弄懂制鞋业的每一个细节，在低矮的厂棚里，陈华根与其他创业者一道，亲自参与生产，从下料开始一直到成品出仓，每一个细节都悉心研究，亲自体验，直到做得满意为止。为了打开销路，陈华根自己背着鞋子，去国内大城市里的商场一家一家上门推销，饿了吃一些自己带的馒头，渴了找点水喝，挨了白眼低头一笑。"质量是企业的灵魂"，在那个技术匮乏的年代，陈华根深知产品质量的重要性，产品质量与销售两手抓。就这样，凭着过硬的质量和经营者们坚忍不拔的毅力，公司产品终于在国内市场打开了销路，并且获得了市场的高度肯定。

20世纪90年代初，温岭涌现了一大批鞋子生产企业，但是当时的温岭鞋质量差出了名，被戏称为"礼拜鞋"，意思是说穿一个礼拜就会坏。很多企业的鞋子交货的时候好比"过五关斩六将"，要通过重重验货关卡才会被一些大客户接受。可宝利特的鞋子却是别样的"待遇"，有一次，一位北方赶过来的客商想要成为当地的宝利特代理，通过多次磋商终于拿到了第一批货。交付验货的时候，那位客商摆摆手说："不用验了，我就是冲着你们的质量来的，你们的鞋我信得过。"

"那时候，各地的批发市场很多，尤其是北方，需求量很大。当时，国内资源相对匮乏，而质量优产量大的宝利特深受青睐。"陈华根说，"当时生意好到什么程度？厂门口要排队才能进来，排队的号码一转手就能卖到 50 元钱，当时的 50 元可能和现在的 5000 元差不多。"

质量为王的文化一直在传承。进入 21 世纪，公司搬入新厂房，引进新设备，使生产效率及产品质量取得新的突破。"一步领先，步步领先；不领先于人，就被人领先"，这句警言悬挂在宝利特大厅的柱子上，格外醒目。

到了今天，宝利特产品质量文化早已深入人心，企业早在 10 年前就调整了发展方向，迈入了高端市场。"在质量上，从材料到半成品到成品，材料入库、生产过程、最终成品统统都要检测，鞋跟高度、鞋子宽度、针距多少，都要用尺子一一测量，严格把控每一个细节。"

智慧转型谋新篇，创新驱动立潮头

陈敏智继承父业成为集团总裁后，利用现代企业制度，紧抓改革机遇，将企业越做越强。

1995 年，为响应政府发展外向型经济的号召，宝利特开始尝试做外销。"我们的外销之路是从参加广交会开始的，后来又参加国外各类专业展会，慢慢地将产品推了出去。"为了达到国外市场的要求，1999 年，宝利特引进 ISO9000 质量认证体系；2000 年，再次兴办工厂，从台湾引进管理团队，引进先进的冷粘鞋流水线……宝利特几乎每年都有新动作。2002 年，完成股份制改造，更名为浙江宝利特股份有限公司。2007 年，宝利特正式更名为宝利特集团股份有限公司，并沿用至今。陈敏智说，宝利特走的每一步，都紧跟改革的步伐。"在政府鼓励发展外向型经济时，我们走出去寻找新的市场，企业的发展速度一下子就提升了，工人数量从原来的几百人，到后来八九百人，再到 6000 多人，一年生产的鞋子数量有 1750 万双。"他还说，那时候，宝利特的客户也多，有好几百人，生产的产品很杂，高端、中端、低端，什么档次的产品都做。

"在 2015 年以前，我们一直是走量的，没有细分市场。后来，我们发现，企业每年生产那么多的鞋子，却不见得赚了多少钱，加上招工越来越难，很多海外市场也不是很稳定，货款回收风险大，这时，公司领导层就开始考虑对客户结构和市场进行一次梳理。"在陈敏智等新一代企业领导对企业发展有了更新的理解后，宝利特开始重点开拓欧美市场和日本市场。从产品的开发到投产，从试版样到确认样、广告样等各种样品，不断检验，不断磨合，引进意大利电脑切割机代替手工的开料、裁剪、制作，精确到千分尺才算通过……宝利特不断地改变生产习惯，不断地提高要求，不断地优化细节,在市场竞争越来越激烈的当下,通过每一个环节上的优势积累,逐渐打开了欧美和日本的高端市场。通过高端市场的开发,现在宝利特鞋子的出口量虽然减少了,销售额却在稳步增长。

风雨同舟几春秋,乘风破浪看未来

宝利特公司的稳步前进,辐射性地带动了温岭制鞋业的区域性发展。目前温岭共有制鞋及鞋辅料相关加工企业 12000 多家,是全国制鞋企业最多、产量最大、产值最高的县(市、区)。

面对未来,宝利特将以优化产业结构为基础,以产品创新、技术创新、管理创新与机制创新为动力,以资本运营为杠杆,精益求精,不断进取,致力于把更高品质的产品和服务奉献给社会,积极参与国际分工与合作,为成为鞋行业的知名企业而努力奋斗。

美机缝纫机:15 年砥砺发展的成长故事

谢军彬

　　2018 年,美机缝纫机在温岭市全市百强工业企业中排名第 17 位。在全国缝纫机行业,美机缝纫机也有着远高于行业平均水平的成长速度,居工业缝纫机行业前列,在同行业中令人瞩目。

　　美机缝纫机的前身为温岭市百威机电有限公司,成立于 1995 年,2003 年 6 月更名为浙江美机缝纫机有限公司。这家坐落于温岭市新河镇的企业致力于工业缝纫成套设备的研发和制造,至此开始了美机缝纫机的成长之路。

　　而如今,美机缝纫机已经成长成一家拥有员工 1100 余人,拥有国内外先进的加工中心设备、数控生产设备、检测仪器等 600 多台(套),具有年产 50 万台缝制设备能力的企业。是什么让美机缝纫机在短短 15 年的时间里成长为一个具有强大市场竞争力的民营品牌呢?

在与美机缝纫机总经理林雪平的深入沟通后,它成长背后的故事才慢慢被揭开。

创业之初遇困境

美机缝纫机总经理林雪平说:"当初一头扎进缝纫机行业,我自身也存在畏难情绪的,虽然当初缝纫机行业发展机遇是大,市场饱和度也不高,但有几个老牌企业在行业规模上已经稳居前几名,而我们想要去竞争,必须付出很大的努力。"因为当初技术开发体系并不成熟,所以在产品发展研究的过程中,美机缝纫机一开始也存在一定程度上仿制国外先进产品的情况,虽然仿制效果好,投入相对也低,但是技术累积没跟上,在产品更新换代上的压力非常大,再加上客户对产品质量、性能以及使用的要求越来越高,如果自身不在技术上进行突破,不主动搞创新研究,固守老思想、老套路,在产品更新换代加速的发展环境下,美机的产品将不会被市场所认可,必然会面临被淘汰的困境。

创新思维求发展

林雪平显然也意识到了这一问题。凭着一开始的资金积累,他多次出去调研寻求突破,企图在技术上创新。而当初一些老牌企业如飞跃、中捷等都不约而同地加大了对产品的研发投入,在研发上有着高度的"一致性",这一现象也恰好证实了林雪平的想法。针对这种市场境遇,如果哪家企业能先一步推出符合市场需求的新产品,占领先机,就能迅速扩大市场份额,为企业发展带来质的突破。当初的林雪平马上做了一个大胆的决定:减少现有产品的产量,将多余的资金全部用于技术研发。就因为这一决定,美机缝纫机的发展轨迹发生了改变。虽然抽出资金投入研发也给自身发展带来阵痛,但是随着技术投入加大,效果也渐渐出现,伴随着一款一款新产品的出现,美机缝纫机的市场订单量猛增,同时在行业中也渐渐积累了信誉。2006年,美机缝纫机公司被浙江省科技厅认定为省级高新技术企业,2007年,美机缝纫机的产品销量同比增长超过30%。即使在2008年金融危机同行业诸多企业难以生存的情况下,美机缝纫机仍旧凭着本身的技术沉淀,取得了较好的业绩。

稳定团队固根基

技术投入的确带来了丰厚的收益,但是这一结果并没有冲昏林雪平的头脑。林雪平说:"说实话,我当初并没有想到技术创新投入能带来如此的结果,但是既然发生,那说明同行业的其他企业也能做到,当初我一直想着怎么才能让自己的企业发展独树一帜,不被其他企业复制,后来我想到了,那就是团队。"一开始的技术投入,的确培养了一批骨干,但是如果没有新鲜血液的融入,企业也会有年迈的一天。意识到这一问题后，林雪平迅速开始规划团队建设问题，着手制定学习月、培训月等多种学习方式，邀请专家、技术骨干等为职工开展品质管理基础、QC结构指南、作业基础等一系列专业知识培训，为整个团队打下了深厚的职业知识基础。如今，美机缝纫机有技术骨干80多位，也正是因为有这批骨干以及稳定的职工团队，美机才能不断积累品牌、技术和管理优势，才能在创建短短十几年的时间内产值跃升到5.8亿元，并且在全球70多个国家和地区注册了商标，主持或参与起草了近30项国家行业标准及团体标准，申请了近300项国家发明、实用新型专利及软件著作权，获得了中国驰名商标、浙江省名牌产品等荣誉称号。

精心规划谋未来

眼下，随着缝制机械行业"两化"融合的不断深入，美机缝纫机的产品线从单一品种到系列产品，一步步向数字化、信息化、智能化华丽转型。2015年，美机缝纫机收购了源于欧洲的自动化缝纫机品牌EUROMAC，开始专注于"两裤"（牛仔裤和西裤）、"两衣"（衬衫和T恤）的自动化和智能化缝制技术，同时，通过加强缝纫机核心电脑控制系统的研发和生产，精心打造了Q系列、X系列、W系列等符合市场需要的热度产品。2018年，美机缝纫机制定了"铸世界品牌，创一流企业"的愿景规划，计划在未来3年时间内，投资2亿元扩大企业生产条件，投资1亿元优化改造升级系列设备，同时进一步优化企业结构,并力求在 2018—2020 年企业"二三规划"末期实现年产值 10 亿元,与行业标杆拉近距离;在 2021—2023 年企业"三三规划"末期实现年产值 15 亿元,在行业中更具竞争力和先进性。

坚持不懈的态度,一贯秉持的创新意识,精益求精的团队建设,一步一个脚印,才让美机缝纫机用短短 15 年的时间发展成一家年产值 5.8 亿元的企业。在制定愿景规划后,美机缝纫机仍不断加强技术改造、工艺优化、团队建设,美机的未来,值得我们期待。

第二辑

品牌打造　厚积薄发

传承百年技艺，打破吉尼斯纪录，
舜浦草帽编出国际范儿

赵碧莹

　　"昨天和朋友聊起了一个事：很多企业老板身后都有投资其他产业，但是这些产业不少都是亏本的。后来我们总结了一下原因，如果能够做专做精一件事情，那就会有成果；如果是飘在那里的，基本上都没结果，做生意还是要扎扎实实，脚踏实地。"坐在浙江舜浦工艺美术品股份有限公司（以下简称舜浦）总经理陈君标的办公室里，他和笔者聊起了最近的心得。这些年来，他想得最多的就是如何将产品做精做细，把舜浦的草帽编出国际范儿来。

　　事实上，作为台州手工草编帽的领先者，舜浦传承了小小草帽的百年编织技艺和文化。从1986年创立至今，该公司经过三代人的传承与创新，在草编行业早已是赫赫有名——被评为"浙江老字号"。2014 年，公司主导起草行业标准《编织帽》(QB/T 4662—2014)，填补了全国编织帽行业标准的空白；2018 年主导起草了全省首个制帽业"浙江制造"团体标准，成功将"温岭草编"申报为浙江省级非物质文化遗产项目；将其高龙色卡样本推广到全球草编采购商所通用；还将传统的中国"女红"送入了国际市场，在国外大超市里卖得风生水起。

如今，舜浦的产品已经涵盖了纸草原材、帽包配套、草席、家装饰品、工艺美术品等领域，以自然环保、款式新颖、美观时尚著称，远销美国、澳大利亚、东南亚等 40 多个国家和地区。

三代创业，舜浦草帽出国门

提起草帽，大多数温岭人都会觉得很亲切。据《温岭县志》记载，早在 20 世纪 20 年代，草帽编织业就已遍及温岭，出现了"十里长街无闲女，家家尽是织帽人"的兴旺景象。而在 20 世纪五六十年代，在陈君标的家乡高龙乡新基村，无论男女老少，都是编织草帽的一把好手。

"民国二十八年(1939)，我们家老一辈就开始做草编帽了。"陈君标说。

当天，笔者跟着舜浦的工作人员走进了一条"时光隧道"——高龙帽苑，这里收藏着舜浦的所有过往，像一个博物馆，储存着陈家三代人对草编帽事业的心血。

1939 年 10 月,舜浦的前身——高龙帽行成立,创始人,高龙乡新基村村民陈继舜,就是陈君标的爷爷。抗战胜利后,箬横的草帽生产步入正轨,这为陈继舜带来了新一轮商机,高龙帽行呈现蒸蒸日上之势。

陈继舜对收购的草帽质量严格把关,鼓励农户精工细作,编织高质量草帽。同时,他还传授农户编织技巧,分出几个质量等级,凭等级论价格。在往后的许多年里,高龙草帽成为当地优质草帽的代名词。

1986 年,用借来的 500 元,陈君标的父母办起了草帽加工厂。没有设计团队,陈根土夫妻俩就亲自操刀设计。为了跑业务,他们在福建、温岭两地来回奔波。创业初期,设计师、交帽员、生产员、业务员、老板,陈根土一人身兼多职。买料、编织、销售、记账,夫妻俩每一道流程都亲力亲为,创建了属于自己的"帽子王国"。

而陈君标的接手,又赋予了这个有着百年文化传承的工厂新的力量,舜浦的出口市场可以说是在陈君标手里才真正发扬光大的。

他告诉笔者,舜浦生产的草帽在很早时就已出口,只不过那时候的出口方式是间接的,通过供销社拿到外贸公司去才能卖到国外。直到后来客户无意中的一句话,才让陈君标意识到,出口市场可以自己来开拓。"那时候有客户说,自己做的帽子为什么要通过别人去卖到国外呢?"一语惊醒梦中人,1998 年,舜浦申请到了自营出口权。

1998 年 10 月，陈君标第一次赶赴广州参加秋季广交会。"因为那时候对外贸什么都不懂，第一次去参加广交会时，就只有我和姐姐两个人去布展。"幸好这次展会的成绩喜人，他们随身携带的300 多款草编帽一经亮相便惊艳全场，其多样的款式、出色的设计和过硬的品质，获得了全国同行的一致赞誉，让他们一下子接到了50 多万美元的订单。

此后，舜浦的国际路越走越顺，还把帽子卖进了世界五大超市的卖场。自 2013 年以来，舜浦还通过了很多国际品牌客户的验收，成为某些品牌在中国草编行业的唯一供货商，很多国际服饰品牌都是舜浦的合作方。

擦亮品牌，在国际市场有了话语权

在和陈君标的对话里，不少时间，他都在强调品牌，这是他接手舜浦以来最看重的事情之一。"只有品牌够硬，产品的附加值才能够提升，才会在国际市场上有话语权，企业才会走得更远。"

走进舜浦的样品间，千余顶五彩缤纷的草帽将地板铺得满满当当。从样品箱里拿出一顶草帽，帽子上的"高龙"商标就是它的"身份证"。陈君标介绍说，"高龙"是公司注册最早，也是名气最大的品牌，2004 年被认定为"浙江省名牌产品"，2007 年被评为"浙江省著名商标"，2013 年成为"中国驰名商标"，是继"钱江""爱仕达""新界""宝利特"之后，温岭又一"国"字头招牌。

舜浦对品牌的重视，最早还得从陈根土说起。

早在 20 世纪 90 年代，在商场摸爬滚打了数年之后，拥有超前发展眼光的陈根土便敏锐地察觉到品牌背后蕴藏的巨大价值。1997 年，舜浦帽业在国家商标局注册了"高龙 GL"商标，成为温岭最早注册的商标之一。

当陈君标从父辈手中接过"接力棒"后，"高龙"的品牌在他手里更加发扬光大。

为了拓展海外市场，在 2002—2003 年，陈君标跑了 30 多个国家，参加各种展会，打响自己的品牌，企业还通过《商标国际注册马德里协定》，将"高龙 GL"商标在 18 个国家成功注册。"我们参加展会时打出的口号就是服务于全球纸草事业。"陈君标说，而这句话在这么多年后也逐步成真。

2013 年，舜浦主持起草的《编织帽》行业标准顺利通过评审。其自创的高龙色卡样本也为全球草编采购商所使用。"全球草编行业几乎都是拿我们这个色卡在做对比的。"陈君标说。

"我们一直都在坚持打造品牌，也尝试过使用各种不同的方式来擦亮这个品牌。比如 2010 年我们就开始尝试自己开专卖店。"他说。当时专卖店开在杭州，虽然销量不错，但是专卖店的成本太高了，没能坚持下来。

后来，陈君标又开始走电商之路。"我们的电商初期是在 B 端，当时，并没有指望通过电商带来多大的销量，目的还是通过网络来推广自己的品牌。"他说。

几年前,他又开始在 C 端下功夫,希望在消费端打开舜浦的知名度。"如果说是贴牌,基本上所有做帽子的客户都已经知道我们了,但是真正的消费者对我们却不了解,我们要把自己的品牌直接做到消费者群体里去。"为此,陈君标还特地在宁波设立了一个公司,招聘了专门的团队,在策划、运营等各个环节出力,为品牌服务。

"非遗"传承,百年技艺天下知

事实上,"高龙"这两个字对陈君标来说,不单单是一个地名、一个品牌,更是一种情怀、一种传承,他希望能将草编技艺长久传承下去。为此,他把"高龙"的品牌历史追溯到了 1939 年,三代传承,让"高龙"被省商务厅认定为"浙江老字号"。

"传承草编技艺,不光是我,也是我父亲一直在努力的。为了把温岭草编的名气打出去,他和政府部门一起把中国帽业名城、中国编织帽之乡、中国编织艺术之都等多个国字号名称都申请了下来,还成功将'温岭草编'申报为浙江省级非物质文化遗产项目,让温岭在业内有了'温岭草帽天下戴'的美誉。"陈君标说。

2013 年 9 月 17 日,舜浦在当地政府的帮助下,举办了温岭市编织帽技能大赛暨创"大世界基尼斯"纪录挑战赛。

当天,318 人同时织帽。现场有两顶直径 2.8 米,由 12 人一起编织的大草帽,其中一位参与织帽的老人,从年轻时就一直从事织帽工作,现已 90 多岁了,整个场面令人叹为观止。

上海大世界基尼斯总部代表向陈君标颁发了"参与人数最多的温岭草编活动""大世界基尼斯之最"证书，见证了省级"非遗"——温岭工艺草编帽创下的中国奇迹。

对于"非遗"传承，陈君标还有自己独特的见解。"今天我们在说传承，但是在我看来，'非遗'传承没有经济支撑是比较难坚持下去的。所以我们要让我们的草编既能有经济效益，又能传承艺术。"他说。

可又该如何提高草编帽的经济价值呢？

除了重视品牌，在陈君标看来，关键还在于设计。"就算是传统的草编帽，如今也能成为新的时尚，就看你如何把传统和时尚流行结合起来。"

以前陈君标每一次出国，都会随身带一个非常大的行李箱。去的时候，箱子里装的是他们生产的最新的帽子样品，这些通常都是送给客户的。回的时候，箱子里装的是国外最近发行的潮流杂志。"通过这些杂志，设计师们可以感受国外最前沿的潮流。"

如今，陈君标时常带着设计师去日本、去欧洲、去美国寻找灵感。"因为只有出去，才能了解流行信息，才能有设计灵感。"

舜浦的设计团队有30多人，这个数量堪比同行里一家小厂的总人数，这才有了每年2000多款新品的推出。一次展会上，对面摊位的小姑娘羡慕地看着舜浦的摊位前满满的客户，用"自带发光体"来形容他们的产品。"就是因为我们的产品和时尚结合得非常紧密。"

培养人才，人人都能做"老板"

陈君标对设计人才很是重视，招不到人就自己培养。"我们和浙江服装纺织学院有着多年的合作关系，而且非常紧密，他们直接把草编学习放在了课程里，每年都会为我们输送一批人才。"

不只是设计人才，在对员工的培养上，陈君标一视同仁，又因材施教。

对于中高层员工，他给予了最充分的信任，改变了老一辈喜欢亲力亲为的做法，自称是温岭"最懒"的老板，在很多方面都直接放权给手下。"有时候我出门二三十天，都很少有公司的人给我打电话，因为公司的问题他们自己就能搞定。"陈君标说，为了培养这些中高层的统筹、领导能力，两三年前，他告诉七八个中高层管理人员，从现在开始，他们自己就是"老板"，还给他们排了岗，让他们轮流做老板该做的事。员工 7:30 上班，他们 7:15 就来，站在工厂门口迎接员工，而且每一天都要到车间里巡查，厂里发生什么都要心里有数，然后站在老板的角度，用老板的思维去解决问题，这才有了如今中高层们独当一面的局面。

而对于普通员工，陈君标则致力于打造家的文化。各种节日会举办各种活动，比如中秋节连续十几年都有中秋晚会，所有节目都是员工自导自演。甚至于此前中国"文化和自然遗产日"草编传承活动上的走秀都交给了员工。"其实，一开始我们连模特都请好了,后来觉得让员工自己走会更有意义,所以大胆地把走秀交给了员工。"陈君标说,"因为这些做法,有些员工高薪都没能挖走,因为他们觉得舜浦是个能锻炼人的平台,在这里自己能把事情做得有声有色,会非常有成就感。"

这几年,陈君标还对企业提出了一个要求,要打造一个"五星级"工厂。"什么是'五星级',标准、规范、舒心、温暖,我对企业也有这个要求。"他说,之前他就要求员工生产时一定要有计划性,从接单到出货,所有环节都要做好计划。"我以前试过为了赶货三天三夜不睡觉,但这样通宵加班其实问题是很大的,质量、安全都不能保证,所以我不希望员工靠加班来赶单,我要求他们调整效率,做好每一项工作的计划,并且严格执行,避免不必要的加班。"

陈君标告诉笔者,以前员工为了加班赶货通宵是很正常的,但这两年没有再出现过这样的情况。"同时,我们还把大车间分割成了小车间。以前一个大车间就一个主任在负责,现在我们把它打散成很多个小车间,每个车间都有一个负责人,车间里的环境卫生、生产效率、人员流失、交货期、品质等都由他负责。而且还会不断进行比拼,每个星期都会有战报出来,让车间互相竞争,不仅竞争生产速度,也竞争产品质量,这样一来,每个车间的生产效率都提高了 15%—20%。"

足友体育：最笃定的坚守，就是点滴积累

王佳冉

作为"童鞋之乡"的温岭，曾经环境脏乱差、模式低散小的问题突出。这些问题成为温岭鞋业优化升级的最大瓶颈。温岭市委市政府痛下决心，实施鞋业整治提升三年行动，整治"散乱危"小作坊，鼓励鞋企投入技术创新、严把产品质量、注重品牌建设，推动了温岭童鞋产业的华丽蝶变。台州足友体育用品有限公司（以下简称足友）的成长也正契合了温岭童鞋产业由价格竞争转向质量竞争的发展过程。如今的足友已经从一家小鞋厂成长为产品研发、生产制造、营销推广和品牌运作一体化的童鞋生产龙头企业之一，荣获"国家级童鞋产品质量提升示范项目培育企业"、浙江省 A 级"守合同重信用"单位、"温岭市明星企业"等一系列荣誉。回顾这一路，足友在点滴积累中不断成长。

精工慢活，品质做注脚

起先，足友并没有像现在一样这么顺风顺水，走过不少发展弯路，也面临过打不开市场的困惑局面。同城北众多制鞋厂家一样，足友一开始也是一家缺乏自主设计意识的小作坊，看到哪款鞋样的销量好，就照搬照抄进行生产。可是一旦市场上同类产品过多，一开始卖得好的鞋样渐渐也会不那么畅销，甚至大批积压在仓库里。为了减少存货的数量，足友也曾经主打"低价牌"和"价格战"，以低廉的价格减少库存。价格变低的同时质量也在逐步下降，收入由原先的微薄到后来的入不敷出，这些生存困境让企业负责人蔡建跃感到焦虑。

蔡建跃意识到，再这么经营下去，不仅谈不上扩大经营渠道，甚至连保本都难。他开始审视影响企业发展的主要因素：一是产品的质量和定位。产品质量过硬是企业永久的生命力，而合适的定位能让企业在纷繁复杂的市场里寻到一席之地。二是长久的客户合作关系和良好的合作氛围。互利共赢是企业和客户发展的长久之道，足友应当本着让利于客户的宗旨，尽心尽力地为客户提供力所能及的服务，让客户对足友品牌本身产生认同感，扩大足友的品牌美誉度和影响力。基于此，蔡建跃开始打造自己的品牌，用品质为制造做注脚。精工慢活做出细节，大到流水工艺，小到产品标识，蔡建跃都在细节上下足了功夫。多年累积之下，无论是鞋样设计上的点滴积累,还是团队建设的强大凝聚力,都在一步一步推动足友不断走向强大,成为现如今的龙头巨擘。

现在,足友的车间里,对工人的加工工艺都有细致入微的量化标准,并付诸日常实践。比如针车缝纫时,不仅要求工人点位准确,还要保证1厘米4针的针距,这样工人们就不会只凭感觉去缝纫,或者因为一味地追求速度而将针距拉得很宽。另外针边距也有具体要求,必须恰好在1.5厘米,该弯的地方要线条优美流畅,该直的地方不能弯弯曲曲。足友设立了专门的品管部,对每道工序进行检验,比如针车车间出来的半成品针距和针边距都要抽样测量,不符合标准的就要返工。久而久之,足友的质量就在这样的一针一线、一点一滴中提升了。为了进一步提高生产效率和产品质量,足友还逐步对部分生产工序进行"机器换人",引入流水线和操作机器人。比如用刷胶机和滚胶机代替人工刷胶,每一双鞋的用胶量和涂胶时间都由计算机精准把控,既节约了胶水用量,又提高了生产效率。此外,考虑到童鞋的消费者和其他鞋不同,孩子的皮肤敏感而脆弱,所以蔡建跃对童鞋制鞋原料的选择格外用心。拿小小的胶水举例,蔡建跃介绍说:"足友用的胶水也是有讲究的,是环保胶,不含苯,尽管胶水成本提高了一倍多,但我也觉得值。"

孜孜以求,注重设计研发

除了提升产品质量,蔡建跃思考得最多的就是自身产品的设计研发，"不能一直拿温州、广州鞋的鞋样来生产，一定要有自己的风格才能把品牌树起来"。为了让产品更贴近潮流中心，更符合市场的口味，蔡建跃开始寻找符合自己公司定位的开发团队。一次偶然的机会，蔡建跃在走访市场时遇见了纽邦鞋样开发中心，发现该开发中心设计的鞋样跟自身的设计理念非常贴近，于是他订购了部分设计样式，加紧进度改进了工厂流水线投入生产。产品一上市就大获成功，这让蔡建跃更加笃定了与对方合作的意愿。

为了做好后续鞋样承接设计工作，足友在自己原有的设计团队内部细分对接人员，专门负责沟通鞋样中心研发的鞋样设计，对于出现的配色问题及时沟通，调整设计方向，并和当前色彩流行趋势比对。作为当前足友旗下主打品牌，"无敌金刚"和"卡孟奇"无疑倾注了足友设计团队的全部心血。"无敌金刚"主打运动方向，在配色上注重使用清亮的颜色，白色、粉色、蓝色都是设计中常出现的颜色，设计上则注重流畅的线条，因此广受学生群体喜爱。"卡孟奇"则偏向休闲方向。通过细分市场，足友的品牌形象不断提升，"无敌金刚"因为其美观大方，穿着舒适，一举跻身"温岭市十大童鞋品牌"，广受市场欢迎。

在尝到了自主设计研发的红利之后，蔡建跃坚持亲力亲为，在产品设计方面从不假手于人。他会自行前往福建的开发中心，就自己的思路与设计师们展开交流，就自身的配色方案和现下的技术把握进行讨论，对时下的最新面料、鞋底材料、流行元素、配色方案等加大磋商，与设计师们充分沟通自己对产品设计的想法，争取让足友的鞋样设计丰富多彩，吸引眼球。

细分市场，抢滩"学生鞋"

2019 年 5 月初，蔡建跃接到了一个意想不到的电话，是山东省济宁市教育局打来的，希望采购 3120 双足友学生鞋在济宁市的一所小学和一所中学进行校园鞋试点，如果学生穿得满意，或将在济宁全市推广。经过十多天的加班加点，足友如期交付了这份跨区域订单。

原来济宁市教育局是顺着"浙江制造"标准《中小学生校园运动鞋》(T/ZZB 0616—2018)找来的，他们在网上查到了主导企业负责人的联系电话。2018 年 10 月 19 日，由足友起草的《中小学校园运动鞋》经由浙江省品牌建设联合会批准，成为"浙江制造"标准，填补了该领域国家、行业标准的空白。为起草好这一标准，推动学生用鞋的规范化、专业化，足友对学生鞋进行了长期调研，在标准指数上对产品外底耐磨性能、帮底黏合强度指标、防滑性能等核心技术都提出了更高要求。2018 年 4 月，足友还与中国皮革制鞋研究院合作，成功组建了全国首家学生鞋研究中心，旨在通过大数据采集，分析研究不同年龄层学生基本脚型规律，以人体生物力学、人体工程学为分析方法，运用现代技术和设备，对学生鞋进行全系列的研究和开发。至此，足友成了中国皮革制鞋研究院学生鞋科技成果转化基地和儿童鞋类科技创新孵化主要基地。

"现在,越来越多的鞋企开始专注细分市场。比如,老年鞋这两年很热门,很多企业专门开发这个品类的鞋子。在我看来,学生鞋也一样,这是一个空白而有潜力的市场,毕竟我国大概有 9000 万名小学生,假如每个小学生一年要买 4 双鞋,那么就是 3.6 亿双。"蔡建跃说,"学生鞋的价位相对较低,对于很多鞋企来说,他们更愿意将开发资金和营销资金投在品牌鞋上,所以,我们去开发这个市场是非常有竞争优势的。"

今后,足友将继续坚持品牌初心,坚守精工慢活的产品质量、精益求精的研发设计,为更多的学生提供舒适、新颖的运动鞋。

恒泰安全设备：质量决定品质，品质决定格局

丁施施

　　浙江恒泰安全设备有限公司（以下简称恒泰）是中国煤矿、消防、安全、抢险、救护设备的专业生产厂家，地处浙江省温岭市南泉二期工业区。公司已先后通过 ISO9001：2000 质量管理体系认证、环境管理体系认证、CE 欧盟认证，专业研究、开发、生产矿用系列自救器、正压氧气呼吸器、消防空气呼吸器等安全救护装备，产品广泛应用于消防、煤矿、冶金、隧道、石化、天然气、宾馆、酒店、高原的作业场所，以及用于瓦斯、煤尘突出、爆炸和火灾事故的个体防护与日常检测。企业拥有 5 项实用新型专利、3 项外观设计专利，先后被评定为台州市级高新技术企业、浙江省科技型中小企业。

创业伊始，产品有缺陷，市场推广寸步难行

浙江恒泰安全设备有限公司成立于 2005 年，最开始公司经营的主导产品是给煤矿工人使用的井下逃生自救呼吸器。谈起进入这个行业的契机，企业负责人柯高峰表示："我父亲的朋友是在北京从事消防相关行业的，一次偶然的机会谈起煤矿井下逃生设备，我们发现当时市场上该类产品是一片空白，父亲和我意识到这是一个机会，可以填补市场空白。"随后，他们招了两个工程师来设计产品。然而公司的发展和产品的推广却并不如预期那样顺利，因为工程师设计出来的产品存在两个致命的缺陷：一是井下逃生自救呼吸器要求氧气使用时间超过 4 个小时，而他们设计出来的产品往往没有撑到时间氧气就已耗尽；二是产品要求具有防燃烧功能，而他们使用的材料却不能达到这个要求。因为井下逃生自救呼吸器的使用特殊性，产品需要第三方检验合格之后才能进入招标程序，而他们当时生产的产品，由于技术要求不能达标，往往连参加招标的资格都没有。因为产品质量的缺陷，又缺乏改进技术，公司生产的产品一次又一次被挡在市场门外。从 2005 年到 2010 年的五年间，公司年年亏损，经营艰难。

披挂上阵，抓产品升级，柳暗花明又一村

连年的亏损令柯高峰意识到，不对产品质量进行升级，是无法

解决根本问题的,于是他换掉了那两位工程师。可是到哪里找真正懂技术的人才,是摆在他面前最现实的问题。由于产品的特殊性,国内很难找到从事该类产品设计的工程师。在这样的情况下,柯高峰咬咬牙,亲自披挂上阵。一方面,他自学机械和化工材料方面的知识;另一方面,他反复研究从前招标失败时的用户反馈,一条一条仔细分析,一条一条尝试改进。此外,他又去德国、美国相关的企业参观学习。就这样,他一点一点摸索,一点一点升级,终于生产出了符合质量要求的井下逃生自救呼吸器。此后,他带着升级后的产品去参加各级招标会,再也没有因为产品质量不过关被挡在门外。相反,因为产品过硬的质量,公司逐步打开了煤矿井下逃生设备的市场。在他亲自接手产品设计之后的 6 年时间里,公司的年营业额从 1000 万起步,以每年 20%—30%的增长率逐步提升至年营业额 4000 万。

一波三折,市场在萎缩,咬紧牙关求转型

到了 2016 年,由于日益严格的环保要求和市场环境因素,煤矿产业逐步萎缩,公司产品销售额从峰值时的 4000 万断崖式下跌到 2000 万,柯高峰意识到,必须壮士断腕,及时寻求转型。在此之前,公司的主打产品是井下逃生自助呼吸器,消防空气呼吸机只是辅助产品,并不受重视。柯高峰经过一番市场调研,发现消防器材产品属于市场空白产品,国内生产厂家并不多,于是将生产重心放

到了消防空气呼吸机上，恒泰成为浙江省内唯一一家生产消防空气呼吸机的厂商。目前，恒泰安全设备已成为中国石化、中国石油、中国中车、国家电网、消防以及应急管理部门的消防救援器材供应商。柯高峰每年参加各省消防总队组织的招标活动，已先后拿下河南、广东、云南、北京、上海等省（区、市）各级消防部门的订单，市场占有率达 20％。此外，恒泰安全设备向各级动车站、高铁站站点供应的消防空气呼吸机占到了市场总份额的 50％以上。提起这个，柯高峰自豪地说道："换句话说，全国一半以上的动车站和高铁站站点配备了由恒泰安全设备生产的消防空气呼吸机。并且今年，我们也拿到了台州大部分地区应急管理部的订单，其中温岭应急管理部门全部的消防空气呼吸机都是由我们提供的。"

质量为王，技术是动力，创新的脚步永不停歇

"消防部门对于消防空气呼吸机的质量要求十分严格，会每个月定期派人来工厂进行抽样检测，鉴定每一批次产品是否合格。"为了达到产品标准要求，柯高峰专门从国家消防装备质量监督检验中心购进检测设备，对自家生产的产品进行严格把关。在高标准严要求下，恒泰安全设备的产品一步步打响了名声。柯高峰深知，质量就是产品的生命，而技术是企业前进的引擎和动力。技术在更新迭代，先进的设备也一直在更新迭代，他坚持每年投入 70 万—80 万对企业的设备进行更新换代，以数控设备代替人工设

备,实现机器换人。原先 1 个工人只能操作 2 台机器,现在 1 个工人能够操作 6 台机器,工人数量从原先的 120 人缩减到了 80 人,生产的效率反而提升了。柯高峰说:"对于产品来说,质量就是王道,下一步,我们的计划是打开欧盟的市场。"

挺威真空:两代人的接力创业,因专注而专业

江 峰 林云肖

温岭市挺威真空设备有限公司(以下简称挺威真空)的发展历史,可以追溯到20世纪90年代。经过父与子两代人的共同努力,挺威真空已经成长为一家技术力量雄厚、生产设备先进的专业化真空设备生产企业。挺威真空拥有21项实用新型专利和6项外观设计专利,早在2015年就被认定为浙江省高新技术企业,并于2018年重新认定成功,公司还获得了小微企业"成长之星"、浙江省科技型中小企业等荣誉。

两间房开启创业路

挺威真空创建于2002年,它的前身是温岭市双海电机厂。1995

年,陈福冬在当地一家乡镇电机厂做管理岗,积累了一定的技术、管理经验。赶上市场经济好时代,他选择辞职,创办了温岭市双海电机厂,开启了创业之路。那时候,电机厂只有两间房,十几个工人,主打产品是冷柜风机、冷柜电机等,产品主要销往国内市场。用陈福冬儿子陈海挺的话来说:"创业初期是典型的家庭式作坊。"

陈海挺大专学的是机械专业,毕业后,他毫不犹豫地回到了父亲的厂里。而陈福冬没有"留情",他首先给儿子安排的岗位是销售。回想起做销售时的走南闯北,陈海挺笑着说了四个字"酸、甜、苦、辣"。

20世纪初,因渠道限制,市场消息还没有现在这般灵通。为了及时掌握市场动态,扩展市场范围,20岁出头的陈海挺跟着一些老销售员坐火车、坐大巴去广州、杭州。"那时候因为买不到火车票还爬过火车,经常在火车过道里席地而坐。舍不得花钱,一个宾馆房间住好几个人也是经常有的事。"陈海挺回忆。他说,那时候金融汇款还不方便,出门做完买卖,为了省50块的电汇手续费,把现金放在包里一路胆战心惊地回家。但这不是最令他心有余悸的,他说:"那时我最害怕的,就是我们交了货,却听到对方公司倒闭了或者老板跑路的消息。"

"转产"成为发展转折点

陈海挺吃苦耐劳,思路灵活,慢慢开始接管企业,当起了企业的"掌舵人"。"电机产品属于配件产品,容易受制于人,而真空泵属于整机生产,并且当时真空泵生产企业在国内并不多见。"不安于现状的他开始思考企业的转产之路。

2002 年,温岭市挺威真空设备有限公司正式成立,并购置了两三千平方米的厂房,从小打小闹的家庭作坊升级为小有规模、雄心勃勃的现代化企业。

转产头一年,挺威真空年产值就达到了近 1000 万元,"行业细分能够提高企业的市场抗震能力"。这更加坚定了陈海挺父子俩转产的决心,从此挺威真空便专注在真空泵上精雕细琢。2007 年,挺威真空首次走出国门,参加了国外的展销会。展销会场面异常火爆,这让陈海挺了解到了国外市场的需求,对公司生产的真空泵信心倍增,更为挺威开启了一扇新的发展大门。接下来陈海挺平均每年都会花两个月时间在国外进行市场调查及走访,掌握国际市场动态,跟进学习国外最新技术,开拓新的客户。当前,挺威真空的产品主要销往欧美、日本等国家和地区,它们对产品的质量要求非常高。"我们挺威真空泵整机的核心部件基本都是自己生产。"陈海挺自豪地说。

"三大法宝"助力企业变强

2009 年,陈海挺开始关注品牌,除了在国内,他还在国外多个国家注册商标推广"挺威"品牌。2017 年,"挺威"被认定为温岭市著名商标。对品牌的关注让陈海挺更加注重产品的质量和售后服务,他知道这些都是品牌打造的基石。挺威真空和下游企业合作时一直坚持不欠账的原则,不仅交货及时,并承诺产品终身维保。这为挺威在行业内赢得了好口碑,也规避了隐性资本带来的成本,为企业发展奠定了良好的资本环境。陈海挺一直强调要追求品质细节,他的精益求精体现在产品的方方面面,连产品的外包装和展会摊位的装修风格他都很注重。"很多人走到我们的展位,第一眼都误以为我们是国外产品,外在的形象其实是企业理念的践行,我们的目标就是要做精致、高端、有理念的产品。"陈海挺说。

借力智囊团队,也是挺威的发展手段之一。人才缺乏是当前许多企业面临的难题,但是对温岭市挺威真空设备有限公司来说似乎并不难。

公司积极开展校企合作。挺威在人才引进方面采取了"早谋划、快行动"的策略,了解到合肥工业大学的机械学院设有真空与过程装备工程专业和真空科学技术与装备工程研究所,陈海挺便积极与该校展开合作,借助学校学生实习等机会,开展校园骨干、班级干部进厂区体验、实习,提前预订高校人才。此外,陈海挺还经常带领技术团队与国内真空行业的专家开展交流,有机会就去浙江大学等高校听课"充电"。"要坚持学习才能不落后,不被淘汰。"陈海挺说。

让机器人走马上任是挺威公司的愿景之一。目前,浙江工业大学正紧锣密鼓地为挺威在东部新区的新厂规划生产流水线,致力于打造智能作业、精益运营,提高效能,降低人资管理难题。已投入生产使用的智能打包机器人直接取代了人工打包,机器人程序包含了各种规格、大小的打包方式,重量和松紧适中,到堆码层整齐摆放外观一致。其中快速打包和快速堆码是人力无法相比的,日均速度高于原来人工打包一倍之多,大幅度提高了效率,重点解决了流水线后工位滞待的难题,又减少了人资成本。"科技兴厂,机器换人"已让陈海挺尝到了甜头。

智能化开启未来之路

在陈海挺的办公室墙上,挂着两幅大图,一幅是当前厂区的鸟瞰图,另一幅则是新厂房的效果图。规划设计面积 2 万多平方米的挺威真空新厂房位于温岭市东部新区,说起正在建造中的新厂房,陈海挺就来了精神。"对于新厂房的规划定位是'智能工厂',我们邀请了浙江工业大学的专家为我们量身定制生产系统、物流系统等。将打造数字化的生产流水线,国外的合作方可以直接通过视频监控到产品的生产细节和进度。"据了解,挺威的年产值还在以每年四五千万的增速持续发展,而插上智能化与专业化翅膀的挺威未来必定加速前行!

松乐机电:质量是企业永恒的话题

赵碧莹

笔者是一个完全不会打麻将的采访者,恰好,这次的被采访者也是一个不擅长打麻将的企业家。为什么要强调麻将呢？因为想让大家了解的企业是一家麻将机生产企业,它就是浙江松乐机电有限公司(以下简称松乐机电)。

温岭曾经有过众多麻将机生产企业,大浪淘沙至如今,只剩寥寥三家,松乐机电就是其中一家,也是温岭麻将机行业的领军者。

总经理郭文建告诉笔者,他其实不是温岭最早进入麻将机行业的企业家,可之所以他会成为温岭麻将机行业的坚守者,甚至还把温岭制造的麻将机卖向全国各地,卖出国门,主要还是因为从一开始迈入这个行业,他就意识到,只有品牌和质量才是企业长久发展的基石。

不怕行业走下坡路，他在烽烟四起时进入

"我办麻将机厂时，温岭已经有三十几家麻将机企业了，我是最后一批进入的，之后就没人接上来了。"那是在 2004 年下半年，郭文建进入麻将机行业，之所以成为最后一批，是因为那时候麻将机行业正在走下坡路，很多人对此失去了信心。

郭文建说，自动麻将机是从日本引入的，刚进入时，一台麻将机要一两万元。2001 年之前，麻将机的价格都令人望而却步，只有一些大酒店、大宾馆里才能找到一两台。

慢慢地，有人摸索出了麻将机的生产规律，国产麻将机开始出现。"那时候，麻将机的利润很高，一台麻将机能赚一半，只要做出来就能盈利。"郭文建说，2004 年可以看作自动麻将机行业的一道分水岭。此前，整个行业属于典型的野蛮生长期，粥多僧少，大碗喝酒；随后，越来越多的人开始盯上这个行当，高毛利引来的猎食者与行业先行者们一道，共同将市场搅动得烽烟四起，最高峰时，全国有 300 多家麻将机生产企业。"麻将机生产企业那时候主要集中在上海、萧山、温岭，最多时，萧山麻将机企业达到一两百家，上海也有五十几家。"郭文建说。

郭文建记得很清楚，温岭麻将机企业是 37 家，不过这些企业规模大多不大，就十几个人守着车间生产。"生产企业越来越多，行业竞争越来越激烈，随之而来最明显的变化就是价格下跌得厉

害，从原来的一两万元一台，跌到了 2004 年的四五千元一台，甚至还有继续往下跌的趋势。"

就是在这样的情况下，郭文建闯入了这个行业。

在进入这个行业之前，郭文建在为一个快消品做代理。"我看那时候别人生产麻将机都能赚钱，我就想试试。"郭文建说，没有赶上麻将机价格最好的时候，却赶上了麻将机走下坡路的时候。"别人都觉得麻将机行业已经不行了，你还上，肯定会亏。人们不理解，甚至我的家人也反对，不知道未来市场会怎么样。"

背负着这样的不确定，但郭文建并没有改变主意。他花了三个月时间做市场调查，拿了很多同行的宣传标语研究。"同行喊出的口号都在说玩麻将是一件轻松娱乐的事，所以，我把我的企业起名叫'松乐'。"

自主研发拳头产品，闯市场用质量说话

"其实我生产的第一台自动麻将机完全算不上自主研发，就是自己买了配件组装的。"郭文建说，那时的市场基本都是这样做的，只要你组装得出来，你就赚了，所以很多人根本没想着自主研发。"我这台也是，组装起来就花了一两天。"

不过，这第一台自动麻将机并没有被郭文建卖出去。"当时觉得不是很稳定，不能这样卖。"出于这样的想法，郭文建邀请了技术专家，又从市场上买入各种各样的配件，花了两个月时间研究，不

停失败,不停测试,直到满意。

就是因为这样的坚持,让郭文建在后来打开市场时少走了不少弯路。"那时候,我是自己去找客户推销的,我答应让客户先试用,觉得好再合作。"郭文建说,后来那个客户告诉他,之所以接受他的产品,是因为别的同行来介绍时强调的都是他的产品多么便宜,对于质量一笔带过,而郭文建推销时,却是不停地强调质量,强调车间管理,"就是因为这样,他才愿意给我一个机会试试"。

"那位客户真正接受我的产品是在好几个月后。"郭文建说,客户把麻将机放在棋牌室试用,一两个月都没接到维修电话,这让他很惊喜。要知道,那时候市场上的麻将机普遍存在质量不稳定的现象,可能用上一两个星期就会出问题。

这件事后,郭文建愈发意识到,质量才是打开市场的关键。而真正让郭文建下定决心要做好质量,做好产品,是在价格战之后。"2004 年之后,麻将机行业价格战此起彼伏,利润也开始变得越来越薄,产品同质化严重,我这才意识到,渠道再好,产品才是核心。"郭文建这才开始专心研发自己的产品。

有时候不得不承认,温岭商人那种被市场逼出来的敏感以及将敏感变现的能力,是一种天赋。郭文建说,自主研发产品期间,碰到了很多难题,也失败过很多次,幸好最后还是成功了。2006—2008 年期间,他一下子推出了三款只属于松乐的产品,知名度在市场上一炮打响。"当时国内麻将机企业自主研发的真的很少,只有三四家,所以松乐才会一下子被人关注到。"

团结经销商团队，用品牌度过洗牌期

郭文建说："当时压力真的挺大的，我把一半的利润都投入研发了。但是压力再大，我也得转型，因为那个时候已经出现了麻将机企业被淘汰的现象。"

郭文建告诉笔者，国内麻将机企业第一次被市场大规模淘汰就出现在 2006 年到 2008 年期间，到了 2012 年，麻将机行业又经历了一次洗牌，到如今，温岭只剩下三家麻将机企业，上海只留下四五家，萧山也萎缩了不少。

松乐在这样的洗牌中活了下来，郭文建认为，除了他在关键时刻打造出了自己的拳头产品外，另外一个原因就是，他在洗牌之初就打造出了自己的品牌。

"比自主研发更早，我在公司成立的第二年就意识到有品牌才能有市场。"当时同行聊起来都觉得打造品牌没必要，麻将机只要卖出去就好。郭文建对此不以为然："我在当时的工商局领导的建议下，一早就注册了'松乐'这个商标，但温岭很多麻将机企业到倒闭时都没有属于自己的商标。"

除了注册自己的商标，郭文建还要求全国的经销商都要以松乐的形象去装修自己的店面，要在每个店里都放大松乐的 logo，打响松乐的知名度。"因为那时候没多少同行要求经销商这么做，所以对于松乐的要求，他们并没有觉得有什么冲突，反而很配合地去做了。"

郭文建还在全国各地寻找代理商，通过这些代理商去推广和打响自己的品牌。"到现在为止，我们在全国各地已经有了上千个代理商，上千家专卖店。"他说，大家都知道品牌战略对企业发展的重要性，但提振品牌并不能仅靠产品本身，更需要有营销观念和营销技法的指引。从 2011 年开始，郭文建每一年都会开设实战销售魔法训练营，邀请全国各地的代理商前来参加，把自己的理念、自己的经验通过这样的方式传导给经销商们。

2014 年，松乐机电成功在上海股权托管交易中心挂牌。"我们是第一家在上海股权托管交易中心挂牌的麻将机企业，这不仅让我们的品牌进一步打响，也让经销商们对我们更加信任。"郭文建说，松乐众多经销商中有一半是从办厂至今都在合作的。"有一个经销商最初是为台州 3 家麻将机企业做代理的，因为相信我们的品牌和质量，一年后，他成了我们的独家代理商。"

士气优先于武器，温暖员工留住人才

除了经销商团队，企业内部的团队也是郭文建的重点打造对象。

"对于团队而言，如果没有战斗力，再好的武器都会打败仗。为此，士气优先于武器，人才是企业经营的核心。"郭文建早就意识到，未来的市场战争不单单在产品层面上，企业需要更多的人才。

"松乐是一个极为重视人才培训的企业,我们要求所有的中层干部都是'教练员',每个干部都需要担当'培训师'的角色,通过不同层面的内训、外训,提升自己的同时带好自己的兵,要让员工在进入松乐后,就进入了一个能力必须不断增长的环境。"

2011年,松乐还成立了自己的慈善基金,专门帮助有困难的员工,让员工在困难时也能够感受到来自公司的温暖。

"2010年,有一个员工的孩子得了白血病,当时其他员工自主发起了捐款,我们知道后,就开始思考要怎么才能帮助这些需要帮助的员工,由此想到了在公司内部成立一个慈善基金,公司每个月出1000元,每个员工每个月出2元,都放在这个慈善基金里。不仅如此,我们每个部门都有考核任务,如果没完成任务,可以自己选择惩罚方式,不少部门领导就把惩罚方式定为捐款,如果没完成,就拿出一笔钱捐到慈善基金里。"郭文建说,他自己也因为这样捐了上万元。"公司还专门为这个慈善基金设立了单独的账户,成立了一个慈善委员会,出台了专门的规章制度,由6个员工保管这笔基金。员工有困难,就可以向他们提出申请,按照规章制度,通过审核后,再给予补助。"

之前,松乐有员工在家修车时不慎压断手指,公司知道后,就从慈善基金里拿出5000元给他送去;还有员工的孩子得了重病,缺钱,接到员工的求助电话后,他们又从基金里拿出5000元补助给这名员工。"到现在为止,慈善基金里已经有21万多的余额,还救助了厂里十几个员工。"郭文建说。

飞鹰鞋业:插上质量和品牌的双翼,
做展翅翱翔的雄鹰

赵碧莹

每一个创业者都是艰难走出来的,每一份事业都是顽强拼出来的。

作为台州飞鹰鞋业有限公司(以下简称飞鹰鞋业)的领航人,每天早上工人 7 点上班,李定海就已经在版房里了;每天晚上工人下班了,他却还在办公室加班。版房、车间、市场,这就是李定海日常生活里的三点一线。

但辛苦总有回报,企业如其名,如今,飞鹰鞋业在温岭童鞋界如同一只展翅的雄鹰,1998 年发展至今,日产童鞋已达 1 万多双,已有连锁零售店 100 多家,年产值超亿元。

飞鹰鞋业的大门接待处挂满了各种奖牌,这也是市场对飞鹰鞋业的肯定。温岭政府质量奖、十佳企业、浙江省著名商标、浙江名牌产品、全国十大优秀品牌童鞋、国家童鞋标准制订单位、国家级童鞋产品质量提升示范项目示范企业……每一块荣誉奖牌都代表着这些年飞鹰鞋业的成长。

肯吃苦，推着轮椅谈生意

李定海的创业故事比起别人来又更辛苦一点，因为他自小患上小儿麻痹症，落下了右腿肌肉萎缩的毛病，从此不能像正常人一样行走。

高中毕业后，他选择回家跟父亲学做鞋。因为身体上的缺陷，李定海懂得，只有付出比别人更多的努力，才能改变命运。在学习制鞋时，他总是处处留心，认真琢磨，掌握了一手好技艺。

1989 年，李定海做出了一个大胆的决定——独自办鞋厂。旁人投来的或担心或不信任的目光，并没有让他犹豫和退缩。但是，对于一个残疾人来说，创业的艰苦的确比想象中来得更多。

对于企业来说，市场犹如水之于鱼，不可缺少。李定海出行不方便，市场开拓就交给了父亲。一次，父亲病倒了，客户又急着谈生意，焦急之下，李定海转着轮椅就出发了。

三四公里的路，李定海整整走了一个上午，摔了 10 多次。等他赶到和客户约定的地方，客户看到满身是灰，手掌、膝盖等多处都已破皮、流血的李定海，当即敲定合作合同。

像这样的事情发生过很多次。"创业初期我四处奔波，那段时光令我至今难忘。当时交通条件不好，我常常要坐着轮椅到温州、广州等地走市场、看产品，十分艰辛。"李定海说，靠着一股不服输的劲头，他咬着牙一边做鞋子一边跑业务，既当工人又当老板，"没有人手，我就自己上，有时一天工作 12 小时，干的活抵得上四五个普通人的劳动量。"

"他们都说，我的生意是摔出来的。"李定海轻描淡写的背后，是面对无数次摔倒、病倒时的不妥协，是面对客户质疑与不信任时的不服输。"但是人生的坎，没过之前觉得自己不可能做到；真跨过去了，发现也就那样。"

拓市场，擦亮自己的品牌

但是生意不是靠吃苦就能做出来的。要将企业做大做强，在李定海看来就必须做好质量这篇文章，让产品向产业链、价值链两端攀升，同时还得注意不少其他的旁支细节，比如品牌打造、员工管理。

李定海说，做自己的童鞋，擦亮自己的品牌，这是自 2005 年之后他一直坚持的方向。"在 2005 年之前，飞鹰鞋业并不是专注做童鞋的。"李定海说，那时候的飞鹰鞋业也和温岭其他众多鞋企一样，有什么生产什么，市场流行什么卖什么，贴别人的牌子，印流行的动漫人物图案，成人鞋、童鞋都生产。

尽管也有订单，但李定海却觉得很累，"因为这样的企业我看不到前景，那时候生产方向混乱，什么都做，但做得再好也没人认可，因为你是在帮别的牌子生产。"李定海说。

2005年，飞鹰鞋业破茧重生，决定放弃过去的经营方式，重新规划未来的方向。也是从那时候起，李定海决定专注生产童鞋，并注册了"独家龙"的品牌。"广州、福建那边的企业品牌意识非常强，那时我就知道，如果不走品牌之路，企业会被埋没在商海之中。"

那几年，李定海一边不断外出考察，一边联系广告公司设计品牌形象，甚至出人意料地请了代言人。李定海说，小明星一年的代言费是30多万元，这在当时已经算是高价。在温岭的众多鞋企中，飞鹰鞋业是第一家这么做的。除了请小明星当代言人，李定海还把广告做到了湖南金鹰卡通卫视。

效果是明显的。"就是从这个时候起，飞鹰鞋业的品牌迈出了一大步。"李定海告诉记者，"以前因为低价竞争，鞋子越卖越便宜。之后品牌知名度迅速提升，许多小孩都知道'独家龙'这个品牌。年产值因此大幅度增长，鞋子的单价也随之渐长。"

抓质量，从一针一线开始

品牌给李定海带来了诸多好处。"有品牌的产品，在二级批发市场上会更受欢迎，你一说这是某某品牌，消费者耳熟能详，那么批发商也就会大量进货满足市场需求。"不过,李定海认为,品牌变得响亮,不仅仅靠明星效应,还得有品质来做基石。

"从生产鞋子开始,我们就把抓质量放在了很重要的位置。"李定海抓质量是从一针一线开始的。

"针车时,我们要求工人除了点位准确,针距也要有保证,1厘米起码要有4针。"李定海说,最初为了追求速度,有些工人会将针距拉得很宽,虽然他一再要求针距要密,但因为没有标准,工人并不重视。"后来我就想到了把针距标准化,要求1厘米有4针以上,并直接用尺子量产品,不符合标准的就要求其返工,这样一来,工人在这方面果然改善了很多。"

除了在针距上有要求,李定海对鞋子边距也做了具体要求,该弯的弯,该直的就不能弯弯曲曲,让工人在细节上把质量一点一滴做出来。"我们还设立了品管部,对每道工序进行检验,不合格不出门。"

为了提高生产效率和产品质量,这几年,飞鹰鞋业还逐步对部分生产工序进行"机器换人"。比如购入刷胶机、滚胶机等,不仅能节省胶水,还能节省生产时间。

飞鹰鞋业的胶水也是有讲究的。"儿童鞋和其他鞋不同,孩子的皮肤敏感,所以要特别留意化学原料,比如胶水。"李定海说,"飞鹰鞋业用的胶水是不含苯的,尽管光胶水成本就提高了一倍多,但我也觉得值。"

这个"值"最近得到了回报。由飞鹰鞋业参与制定的《儿童鞋安全技术规范》强制性国家标准已经正式实施，"在此之前，我们生产儿童鞋参照的是成人鞋的标准。但成人穿的鞋和孩子穿的鞋在要求上还是有不同的"。2013 年，李定海开始参与《儿童鞋安全技术规范》的起草，这个标准在技术要求中对各种造成或可能造成儿童伤害的因素进行了规范，其中特别强调了有害化学物质。"标准出来后，我们就把自己生产的鞋子送到了鞋类实验室进行检验，结果显示符合新出台的标准。"

东旭鞋厂:旭日东升创造"亩产神话"

周 杰 陈舒丹

在台州温岭,有一家低调的"鞋业大亨"——温岭市东旭鞋厂(以下简称东旭),短短 15 年间,从低端鞋起步到专业生产安全鞋再到进军欧美日韩安全鞋市场,东旭犹如冉冉升起的旭日,不断谱写企业成长新篇章。2017 年,公司更是以 3000 平方米的厂房,创造出了产值 8000 多万元的神话,并成功跻身温岭市百强企业。

善于把握市场动向,抓住机遇迎接挑战

2003 年,年轻的屠正兵和李海敏创办了东旭鞋厂。租了厂房,买了机器,招了员工,和多数企业一样,两人开始生产 10 多元一双的低端鞋。摸爬滚打了两三年,好学的两人渐渐摸清了门道,生意

也逐渐有了起色，到 2008 年，东旭成了温岭市纳税大户。

事业进行得顺风顺水，换作一般人正是春风得意之时，但屠正兵和李海敏却感觉有莫名的危机感萦绕心头。"小鞋厂越来越多，价格越来越低，利润越来越薄，同质竞争激烈。"屠正兵说，2012 年左右，他便明显感觉到和以往的不同，"整个行业陷入价格红海难以自拔"。

直到有一次，一位外籍客户向他们询问有没有安全鞋，但两人却从未听说过这种鞋。"也许，这是一个摆脱困局的机会。"在一次例会中，两人和厂里的管理层交流起来，但是进军一个完全不熟悉的领域，存在着太大的不确定性，管理层中有些人并不认同转型。但是，屠正兵和李海敏的想法却很坚定，"机不可失，时不再来"。

转型之路重在脚下，台州首家安全鞋厂

"既然决定了前行，就不怕风雨兼程。"这是屠正兵一直以来的坚持。只有走出去，才能找到发展的希望。他将企业的日常管理全权交给性格严谨的李海敏，只身踏上了南下"取经路"。

2012 年，屠正兵辗转温州、福建等地，通过四处打听走访了十数家企业却处处碰壁，后来通过朋友联系介绍获得了几个宝贵的机会，参观了几家安全鞋生产厂家，了解了安全鞋市场反响情况，并讨教了一些安全鞋生产知识。

生产安全鞋的厂家，全国都十分少见，而台州更是从未有过。学习归来后，屠正兵聘请了一名来自广东的技术总监，开启了制作

安全鞋之路——台州市首家安全鞋生产商就这么应运而生。

10万双大单做试水，高质量过关获认可

"先给我来10万双试试。"得知东旭鞋厂开始试水安全鞋后，一名英国客户随即下了订单。10万双，600万元，中间的利润不到10%，但两人依然接单了。"我们还处于学习技术阶段，只要不亏钱，我们都愿意尝试。"李海敏说。

很快，这批600万元的订单如期交货了。拿到鞋样后，这名英国客户还做了个测试：一辆机动车从鞋面上驶过，鞋子丝毫没有变形。"你们的安全鞋，过关了！"

按捺住内心的喜悦，屠正兵和李海敏又开始了新的探索。"我们的安全鞋，已经'进化'了好几代。"李海敏介绍，最开始时，使用的是钢头和钢底，后来，为了使鞋子穿起来更加轻便，制作材料升级成塑料钢、玻璃纤维钢等，鞋底也换成了制作防弹衣的材料，有了一定的技术后，鞋底还加入了防静电材料，在干燥的冬天，只要穿上这双鞋，就能避免"触电"。"现在，像我们这样的鞋厂，全国仅有20多家。"

走出国门，"占领"国外安全鞋市场

也许你不会想到，这家名不见经传的小公司，却是韩国大企业起亚汽车集团的固定供货商——是的，起亚汽车集团的所有员工，

工作时穿的安全鞋,都是东旭生产的。

2016 年,在一名韩国客户的介绍下,韩国的汉斯集团找上了东旭鞋厂,希望他们能为起亚汽车集团提供安全鞋。屠正兵简直不敢相信自己的耳朵,"汉斯是韩国的大贸易公司,起亚这个品牌更是有很高的知名度,能够接连被他们肯定,我觉得已经向成功迈出了一大步!"

就这样,来自起亚汽车集团的 14 万双安全鞋的订单"飘"了过来。在屠正兵和李海敏的眼中,这不仅是一次机遇,更是一次挑战。于是,在他们的带领下,东旭鞋厂的设计团队挑灯夜战,开始为起亚汽车集团的员工们"量身定做"安全鞋。

和以往的安全鞋不同,东旭鞋厂再一次改进了鞋样。如果你仔细看,会发现安全鞋的后跟有一块小突起,虽然向前延伸了一些,但结合整双鞋的设计来看,一点也不违和。"这块突起,是为了防止裤子拖地而带来不便,非常人性化。"屠正兵说,之所以有这个灵感,是因为生活中经常看到有人裤子买长了,影响到工作、生活,于是,就想通过改良鞋子设计来改变这种情况。

投入生产后,这批满含东旭诚意的安全鞋很快穿在了起亚员工们的脚上,这批鞋也得到了起亚汽车集团的高度肯定。也是从那年开始,东旭成了起亚的固定供货商。

工人"参股"强化归属,"机器换人"别出心裁

在东旭鞋厂的门口,停着的私家车比电瓶车更多。"我经常跟

他们开玩笑说,你们开的车,比我这个老板还要好。"屠正兵笑着说,很多员工是厂里的老员工,跟着他做了 10 多年,渐渐有了积蓄。也正是丰厚的待遇,让东旭的员工有着强烈的归属感,也稳固了招工渠道。

对于管理工作,屠正兵很有自己的见解,从当年的"土地承包制"获得启发,实施"机器承包制",推动"机器换人",让工人们有了主人翁意识。

"公司的优秀员工才可以'参股'。"屠正兵说,一台机器购置后,工人需交一定的保证金,这笔定金将逐年退还,而交了定金后,这台机器将"私有化",成为这名工人的"私人财产"。"一般情况下,工人只要工作一两个月就能把保证金赚回。"屠正兵说,通过这样的方式,能够刺激更多员工成为优秀员工,而成为优秀员工后,将发挥更大的价值,实现个人与公司的双赢。"这也是我所追求的'人机合一'。"并且整个企业更是通过"机器换人",大幅提高了工作效率。

创新与质量是企业发展的不竭动力

"如果说质量是'守',那么创新就是'攻',攻守结合,才让我们走到了今天。"屠正兵说,"对于未来,我们希望在国际安全鞋版图上找到我们的坐标之后,可以回到国内市场,申请劳安证书,打造中国人的安全鞋!"

立足当下，"东旭人"将专注于安全鞋领域，进一步提升产品质量，打造属于东旭的品牌形象。

展望未来，研发创新将成为东旭的主旋律，无论是外观细节还是功能品类，东旭将与时俱进适应更多企业的需求，占领更大的市场份额！

华一鞋业:用匠心生产换品牌信心

赵碧莹　王佳冉

短短几年,成为温岭城北街道炙手可热的明星企业,年产值在2年内达到5000多万元;紧跟优衣库、沃尔玛的发展,成为他们的优秀合作伙伴,更陆续通过了一系列的认证:阿里巴巴国际站企业认证、BSCI 认证、ASDA 认证、Clarks 认证……未来,这家企业还要不断扩充战线,增加多条业务线,逐步向欧美市场大踏步进军。

这家企业就是位于温岭城北街道的台州市华一鞋业有限公司(以下简称华一)。

外贸公司"小气候":同等付出,"收获"大不同

刚起步的时候,公司还不叫华一,只是一个太不起眼的外贸公

司,走的大多是接单的路子。

起步低、利润薄,接的都是量小的订单。无论是什么品质的订单,只要能有些利润可言,就会马上投入生产。"那个时候年轻,和合伙人想着只要能挣钱就行,也没考虑那么多。"总经理梁云盛说,这样的情况一直重复了好几年。

直到一次外出福建走访学习,梁云盛清楚地记得当时的情形。"那个时候好不容易找到一家比较好的福建鞋企进行交流考察,自然也是很重视的。我和我的合伙人都亲自前往了解学习,顺便带上几个能干的员工一起,多方位了解和考察,以便未来更好地建立起合作关系。"前往考察的鞋企,坐落于福建整体发展比较集群的产业区,无论是公司布局、员工管理,还是整体销售……都让靠跑单起家的梁云盛感悟了不少。来到加工车间和成品间,看到他们的好多鞋型无论是在材质、成本还是在精细化程度上,都和自己加工过的大体相同,他忍不住前去询问价格和成本,却在之后的攀谈中发现了差距。这家企业销售的这类鞋种单价能够卖到 50 元以上,然而在温岭就只能卖 45 元,客户习惯性地给温岭鞋的价值打了个折扣。

"说起来其实很无奈,明明我们的鞋并不比他们差,可在他们的印象里,我们的就是比他们的差。"这样的"歧视"与差别对待,让梁云盛坚定了之后成立工厂、提高员工素质的想法。

首次开拓菲律宾市场,
要求太高,连员工都有意见

华一在和菲律宾客户合作时,工厂不过成立一年左右。

对于首次投石问路的外国企业,华一铆足了劲。"这个品牌在菲律宾的地位就好像是李宁在国内的地位,每双鞋在当地售价200—300元。"梁云盛说,这个客户大部分的订单都是福建的企业在生产。在温岭,唯有华一和他们有合作。

"我们和福建一家研发中心长时间有合作,是他们把菲律宾的客户推荐给了我们,但是最初,这个客户和大多数人一样,都对温岭鞋抱有偏见,对我们生产的品质抱持着怀疑的态度,但幸好,他们愿意给我们一个机会。"梁云盛说。

菲律宾的客户对鞋子的细节非常讲究,对鞋楦、鞋底,甚至鞋底的商标都有专门的要求,要知道,一般客户并不会要求生产商在鞋底也印上商标的。

因为讲究细节,第一次试单时,华一并没有达到客户的标准。"他们会派专人驻场,对每一道工序进行跟踪把控。此前华一的大多客户都是散客,对很多方面都没有特别要求,所以我们当时生产时并没有特别重视,产品也比较粗犷。前期返工成本、物料成本都浪费了不少。"梁云盛说,当时真的很痛苦,返工多了,连员工都有意见。"单价又没有比其他人高,为什么别的客户这样生产可以,就他们不可以?"员工中一度有了一些消极的氛围。

顶着众多压力,梁云盛还是把订单坚持做了下来,一点一点慢慢改进、磨合,用什么工艺、材料,要达到什么要求,要什么时候交货……百分百按照客户的要求来,才总算留住了这个客户,如今一合作就是 4 年时间,一个季度的订单量也从最开始的万把双增加到现在的十几万双。

超负荷接下 70 万双订单,
再拓俄罗斯市场,要求升级

自从接下菲律宾企业的订单之后,华一逐渐意识到自己有这种能力进行订单接收了,然后和俄罗斯 TT、红三角等品牌逐步开始合作。契机是当时有一个俄罗斯品牌在展会上找到华一,他们一下单就是 70 万双,基本上也没有要求。"我当时自己都吓一跳,这是我接过的最大的一个单,要知道,以前就是菲律宾客户下单也只是几千双、几万双的。"

尽管对方企业并没有什么要求,但是梁云盛决定做点不一样的。70 万双鞋子的订单,对当时的华一来说绝对是超负荷生产,此后的三四个月,梁云盛基本就待在工厂里,吃住都和员工在一起。

"2012—2013 年是我们和俄罗斯合作的高峰期,一个季度就能生产 100 万双鞋子。"但是,到了 2014 年,俄罗斯与乌克兰矛盾激发,一时间卢布崩盘,华一损失惨重,俄罗斯的订单也从原来 40%

的占比急速跌到了连 10％ 都不到。

这个状况直到 2016 年才发生转变,华一的精益求精让俄罗斯客户数量逐步回升,无论客商的要求如何,华一都能满足。

管理更加精细化,
中高端品牌商抛来橄榄枝

"为了比过其他竞争对手,我们在提升质量的同时还要多方把控,让成本也降下来。"梁云盛说。在降低生产成本这块区域里,梁云盛将仓库划分得更细,从以前一个原料仓和一个开放式的成品仓,到如今细分成配料仓、帮面仓、成品仓等多个仓库,并配备相应管理员,还在 2017 年开发了 ERP 系统,串联所有仓库,努力将成本浪费降到最低。

其次,将配套供应商缩减到三四个。"以前合作很混乱,一些小厂如果报价低,我们也会和他们合作,这样一来我们在质量上就难以保证了。"梁云盛说,"还有革料、网布等配套产品,我们也不再从市场上采购,而是选择与一家工厂合作,这样一来不仅能把控质量,而且集中资源后,价格谈判也有了优势。"

因为和菲律宾客户以及俄罗斯企业磨合后的改进,产品质量大幅提升,也让华一有了更多的意外之喜,优衣库、千代田、ASDA 等品牌商都抛来了橄榄枝。"2016 年 9 月,优衣库在温岭寻找合作商,在别的鞋企推荐下,他们找到了我们,经过多方考察,最后在四五家企业里选择了我们。"梁云盛说，当时，优衣库在考察时就比较严格，对企业的生产能力、产品细节的完成度、车间的管理等都一一了解，才有了后来的合作。而千代田在日本属于中高端品牌，之所以能接到他们的订单，主要是得益于华一和优衣库的合作。"日本客户对合作商的要求非常高，开发、用料、工艺等方面都有要求。为了满足日本企业的要求，我们在产品检测上精益求精，从原材料到辅料，从半成品到成品，每个环节都要全检、精检，尤其是锐器的把控，是日本企业的底线，我们在生产时更是小心再小心。"梁云盛说。为此，华一鞋业还安排了专人负责锐器把控，员工的针断了，要拿着完整的部分去品检站兑换，负责锐器把控的人要对此做好记录，再完整入库，每一根针都要完整入档回收，断绝鞋类锐器问题。

现在，华一还通过英国的 ASDA 走进了沃尔玛超市，连阿里巴巴国际站也慕名前来，主动为华一开辟了广告位和宣传栏，为他们宣传产品和销售。

"我们还计划开拓更多的日本、欧美等中高端品牌市场。"在梁云盛的规划里，他将筛选如今大大小小上百个客户，将服务集中在一些品牌客户身上，这样就能有更多的精力去开发新产品、管控产品品质，实现工厂精益化生产。

第三辑

科技创新　引领未来

欧港鞋业：创新引领发展，匠心铸就自信

朱苗苗

　　听说过超纤缝线休闲鞋和抗菌袜子鞋吗？这两种听着很有科技感和时尚感的鞋子正是台州市欧港鞋业有限公司（以下简称欧港鞋业、欧港）的优势产品。和产品给人的感觉一样，位于温岭市温峤镇的台州欧港鞋业有限公司是一家创新力强、品质过硬的龙头鞋企。近年来，通过质量提升、品牌培育、标准引领、技术支撑、科技创新等举措，欧港鞋业走出了低端困境，产品质量和市场竞争力不断提高，产品溢价能力和行业知名度不断提升，品牌优势逐渐形成。2016 年，欧港鞋业通过国际 BSCI 认证和沃尔玛验厂。2018年，欧港的"研发超纤维鞋获市场肯定"项目荣获该年度温岭鞋业优化升级十佳案例，舒适裸感袜子鞋获得"中国温岭·曙光狮杯"鞋靴设计大奖赛铜奖。

一双鞋子的研发成本占了总成本 30%以上

与一些传统鞋企依靠低价换取市场的"价格战"模式不同,在欧港鞋业的发展历程中,董事长金永杰一直在强调4个字:自主研发。这是金永杰的执念,也是欧港鞋业如今最有力的"武器"。"温岭鞋企和福建等地鞋企的差距就在研发上,温岭很多鞋企没有研发能力,依靠客户给的款式进行生产。但在我们这里,研发就要以我们为主,和我们合作的众多客户看中的就是这一点。"金永杰说。2007年8月20日,欧港鞋业注册了第一个商标。2013年5月31日,欧港鞋业申请到第一项专利。迄今为止,欧港鞋业共拥有商标10个,专利6项,品牌2个。

从创立企业之初,金永杰就没想过在家等着客户拿款式来生产,而是选择主动出击。刚开始,金永杰的目标客户是义乌的众多外国客商。开发出了一个款式,他就跑到义乌接单子,能够接到300双、500双的订单他就很开心了。2005年,金永杰第一次参加广交会,欧港的鞋子因为与众不同的款式在展会上广受欢迎,大批订单随之而来,这让他再一次意识到自主研发的重要性。

现在,欧港鞋业的研发团队中老板本人就是主力。为了开发符合市场需求的新款式,金永杰每年都要前往意大利、德国、美国、俄罗斯等国家和地区的展会和时装发布会,每个季节都会去世界各地的商场转悠,了解当年的流行趋势。每年单单为了开发新款,金永杰的研发团队就要去欧洲 3—5 趟，每年的研发投入都非常高，按一双鞋子的成本来算，研发成本就占了 30％以上。

爆款超纤鞋材料要上百元一米

超纤系列的鞋子是金永杰自主研发的得意之作，也是如今欧港鞋业的拳头产品。温岭鞋企中几乎没有生产超纤鞋的，放眼全国，生产的企业也少。因为这款鞋子成本非常高，材料就要上百元一米，就连鞋底都要十几元一双，而大多企业用的是二三十元一米的 PU 材料。

2014 年，金永杰研发出这款鞋子时内心是非常忐忑的，"我们整双都是超纤材质，成本很高，风格也比较独特，所以刚研发出来时，我心里是没底的，要么卖得火爆，要么就是没人要。"心里没底的金永杰带着它参加了那年的广交会，结果让他非常惊喜，产品销售得异常火爆。一开始他们只研发了一个系列的超纤鞋，广交会回来后开始埋头设计其他款式，一下子又推出了 5 个系列。之后，金永杰又带着超纤鞋去意大利参展，在意大利展会上，这款鞋子比在广交会上还受欢迎。回国后，金永杰就扩大了生产规模，一下把这款鞋子做成了"爆款"。如今，欧港的超纤鞋已经更新到第三代，穿着体验更加轻便舒适，一年销售量达五六十万双，成为欧港的主力产品。

近年来，欧港鞋业通过设备更新推动自身生产能力跟上了自主研发的步伐。通过运用智能制造技术和自动化装备,欧港鞋业逐步实现"机器换人",全员劳动生产率同比提高 10%,例如超纤鞋的帮面就是完全依靠激光雕刻机生产的,替代了原来的针车工人,缓解了招工难问题。现在,欧港鞋业配备 20000 平方米的生产车间,拥有电脑袜子鞋机 100 台、袜子鞋专用冷粘流水线 3 条,还有自动 EVA 鞋底制造设备及其他装备,基本覆盖了制鞋需要的各种工艺。

亚马逊上,一双鞋卖 84 美元

欧港鞋业的竞争优势还体现在价格上。在亚马逊上,欧港出口的超纤鞋的标价是 84 美元一双;在意大利,超纤鞋的零售价为 50 多欧元一双;有俄罗斯客户从意大利批发再卖到俄罗斯,一双是 8000 多卢布;而在国内,有人将这款鞋子从国外代购回来,花了 1200 元。

最初,欧港鞋业也是主攻非洲市场的,要求低,单价也低,一双鞋才几块钱,单纯靠走量,这样的低端市场竞争激烈,欧港毫无优势可言。2005 年,欧港鞋业决定转攻欧洲市场,以自主研发和高品质打造自己的口碑与品牌。如今,欧港的鞋子已经卖到美国、德国、意大利、俄罗斯、澳大利亚、马来西亚、印度、以色列、智利等多个国家和地区,尤其是欧洲市场几乎实现了全覆盖。

其中俄罗斯市场占了欧港鞋业销量的 20% 以上,是欧港鞋业最大的出口市场,在当地,欧港鞋业有 30 多家合作客商。这么多年,欧港鞋业和俄罗斯的客户形成了良好的合作默契,有一个客户甚至每年都会写来表扬信,说这一季产品卖得很好,明年要继续好好合作。通过不断自主研发产品,提升核心价值力,2020年欧港鞋业外贸出口逆势上扬,增幅达20%。

创造比制造更有力量

温岭作为鞋业生产基地,鞋子款式、数量多不胜数,但最常见的还是低端生产、加工、模仿或代理的产品,拥有自主知识产权或自主品牌的企业很少,这种以单纯模仿或者代理加工为特征的"运用创新",造成了温岭鞋业整体"根本性自主创新能力"的丧失。在温岭,即便是产品质量比较好的鞋企,出口的鞋子价格大多也在7—10美元一双,而欧港鞋业的鞋子,12—13美元一双是比较常见的,高的可以卖到17美元。拉开差距的武器就是自主研发设计。

金永杰对自己的产品很有自信,他的自信源于欧港多年自主研发所积累的能量和对市场的把控力。以前,欧港一年要开发一两千个款式,但其中可能有一半会被淘汰,如今,开发的款式少了,但熟能生巧,基本每一个款式都能接到订单。

贴牌代工是一种"制造",自主研发是一种"创造",在如今的市场竞争里,创造显然比制造更有力量。市场是多元化的,不要担心研发投入的成本得不到市场的回馈,只要是好产品,总会有人为它买单,而且会有越来越多人为它买单。

工业牙齿:锐安硬质合金唱响工业好声音

童芳芳

台州市锐安硬质合金工具有限公司(以下简称锐安刀具)属于浙商回归企业,坐落于温岭市城西工业园,是专业从事数控刀具研发、生产、销售的高新技术型企业。2018年,该公司被温岭市人民政府列入重点工业企业,荣获百强企业称号。公司拥有发明专利1项、实用新型专利9项、外观设计专利23项。从公司创立到现在,短短6年,锐安刀具已成为国内外知名品牌。踏实、敦厚、友善是公司董事长陈指福做人的标签。

创业之初：有智慧更有情怀

回顾陈指福的创业史,作为第一批走出大山到外地创业的温西人，他不仅拥有敢于人先的创新精神，更能让人感受到他对家乡情感的炙热与厚重。20 岁出头，他孤身一人前往江苏创业打拼，秉着开拓、耐劳、坚韧等温西人的创业特质，他在金属、医药、物流、租赁等行业都取得了成功。2013 年冬天，老家在温峤镇峨嵋山村的陈指福回乡过年。在参观同学和朋友的工量刃具企业时，目睹工量刃具行业发展迅速，而其中一款叫作可转位数控刀片的高端刀具国内加工市场还是空白，陈指福遂决定回乡生产硬质合金数控高端可转位数控刀片。

什么是可转位数控刀片？陈指福解释，可转位数控刀片就是一种可通过转换位置多次使用的刀片。在切削加工中，一个刃尖磨钝后，转位刀片使用另外的刃尖，这种刀片用钝后不再重磨。

与钎焊式和其他机械夹固式的刀具相比，可转位刀具可以避免硬质合金钎焊时容易产生裂纹的缺点；可转位刀片适合用气相沉积法在硬质合金刀片表面沉积薄层更硬的材料以提高切削性能，具有换刀时间较短、切屑控制稳定等优点。可转位刀具广泛适用于模具业、汽车工业、压缩机行业，市场前景十分看好。

定下目标之后，2013 年 3 月，陈指福响应浙江省委省政府"浙商回归"的政策号召，收拢在江苏的业务，回乡投资，创立了台州市锐安硬质合金工具有限公司，生产硬质合金数控高端可转位数控刀片。这一举措，让全国最大的工量刃具集散地——温西工量刃具交易中心，有了属于温西人自己的名牌标签。

凝心聚力：用设备锻造品牌

跟很多企业不一样，陈指福的第一步不是买地建厂房，而是把大量资金用于购买高端生产设备。

"6年过去了，我们的厂房还是租用别人的，但我们的设备是一流的。"陈指福说，这几年，锐安硬质合金在租用的7000多平方米的厂房里，引进了价值1亿多元的国外先进的数控刀片生产线，其中包括工艺先进、粉末成型速度快、稳定性高、能有效保障模具制作精度和提高加工效率的瑞士OSTERWALDER全自动数控液压粉末压机，燃烧氢气节能环保、打造性能稳定的德国PVA加压烧结炉，精度可达0.005毫米的瑞士STAHLI精密磨床，打造出的刀片比传统刀片耐磨5倍的瑞士IONBOND CVD涂层炉，能提高刀片热稳定性、极大延长刀片使用寿命的德国CemeCon PVD涂层炉等高端品牌设备。

顶级的技术装备生产出了高端的产品。2016年，锐安硬质合金工具有限公司被评为浙江省小微企业创业之星、浙江省科技型中小企业、城西街道技改先进企业。2017年，锐安硬质合金工具有限公司被确定为国家高新技术企业、中国工量刃具展览会优秀参展企业。2018年，锐安硬质合金工具有限公司被批准成为中国机床工具工业协会会员，同时被温岭市人民政府列入重点工业企业，荣获百强企业称号。同年，锐安硬质合金投资3000万元，另租厂房研发生产整体铣刀。"目前,整体铣刀月销售额稳定在 100 万元。"2019 年 6 月,占地面积 19000 平方米的锐安硬质合金新厂房已全面开工建设。"现在我们国家经济转向高质量发展阶段,机械加工解决方案产业高速增长,给高端产品硬质合金产业带来巨大发展机遇,2020 年新厂房建成后,我们锐安硬质合金也将迎来更高质量的发展。"陈指福欣喜地说。

锐意创新:以人才展望未来

企业想要长远发展,光专注是不够的,不断创新才是发展的源源动力。因此,陈指福对技术的研发生产很是重视。公司大量引进了从事材质研究、模具制作、刀片开发及生产的高端技术人才,打造了一支专业化、高水平的研发、生产团队,可自主研发、生产适用于各种加工材料的刀片槽型及材质的车刀片、铣刀片,广泛应用于航空航天、汽车工业、轨道交通、模具制造等相关行业,也可根据客户需求定制非标刀片,能为客户提供快速、准确的产品解决方案及技术服务。同时,公司还和台州学院开展基体合作,结合高校专家团队资源、大学生团队资源和公司业务平台,实现了"产、学、研"三位一体的运作模式。

公司于 2015 年 7 月获得了 ISO9001:2008 质量管理体系认证,组建了一支经验丰富、高技能的质检团队,并配备了德国 LEICA 金相显微镜、日本 MITUTOYO 轮廓检测仪、MITUTOYO

三坐标检测仪、工具显微镜、数字投影仪等多台国内外顶尖的专业质量检测设备,从产品生产的各个环节对产品质量进行严格的检控,保证刀片的稳定性。其中三坐标检测仪测量精度达到 0.9 微米,这一精度接近导弹级水平。

"人才唯上""无为而治"是陈指福作为老板的经营理念。他认为,精密数控刀具是人才密集型行业,想让企业真正成为行业标杆,就必须做到"人无我有,人有我专",而要想做到"有""专",就要奉行"人才唯上"的理念。"无为而治"源自老子的哲学思想。"无为"意即做老板的不懂就不要胡作妄为,要让一线的人做,因为他们才是掌握资讯的人。"无为而治"不是无所作为,而是有所为有所不为,在不为中实现有为。简单来讲,就是将日常事务的决策权下放,充分调动下属的工作积极性,管理者致力于战略方针的确定,各司其职,协力前进。管理者不再置身于琐事,从而使效率提高。

也正是基于陈指福"人才唯上""无为而治"的经营理念,公司科研团队凝心聚力、锐意创新,不断钻研和努力,在近几年取得了发明专利 1 项、实用新型专利 9 项、外观设计专利 23 项,为公司的长远发展提供了不断前进的动力。

恒远电器：从废弃的"旧校舍"飞出来的
"中国智造"领航者

王晓星

　　获评"浙江省科技型企业""台州高新技术企业"，与浙大合作项目更是获得了"国家创新技术大奖"，生产的"户外铝合金家具系列产品"已占据了日本该细分领域最大市场份额，产品通过ISO9000：2008质量管理体系认证，产品获得国内10多个实用新型专利……这一项项的荣誉让我们看到了一个企业能存在20多年并依然发展得很好的原因，用创始人陈存富的话说："一路走来，我们一直只有一个目标，稳扎稳打，用更强的技术敲开更大的市场，向世人展现真正的'中国智造'。"

　　这，就是台州市恒远电器有限公司（以下简称恒远）。

旧校舍起步，3台设备起家

你可能不会想到，如今拥有占地面积达 26000 平方米的规模化厂房，内设超过上百台的现代化流水线操作设备的企业，竟是从被废弃的旧校舍起步。回溯到 1998 年，"因为资金有限，我和我的合伙人只采购了 3 台设备。那时学校被废弃了很久，通往学校的路很差，连自行车也无法进出，每天我们只能步行，将近 1 个小时才能到达厂房，不管刮风下雨，从不觉得辛苦，每天坚持着，这样一坚持就整整坚持了 4 年，当时只有我和我合伙人几名'小工'"，陈存富回忆起刚创业的那段时光，用"虽苦犹甜"来形容。

9 平方米的一个摊位，1/3 的墙面广告

创业初期，陈存富负责生产、技术研发，合伙人林女士负责销售，可因两人从没接触过市场销售，导致刚起步不到一年的公司迟迟接不到大单，只能接一些零散的塑料日用品订单。当时广交会起步不久，陈存富意识到这是个机会。尽管资金已"入不敷出"，陈存富还是跟合伙人商量，抱着试一试的心态，在广交会上租了个 9 平方米的摊位，用其中的 1/3 墙面做广告。陈存富在广交会上认识了一个专门给日本客人做晒衣架的台湾商人，因公司生产的塑料日用品质量突出、花样丰富，一下子接到了该商人 2 万只晒衣架的订单，度过了公司的"寒冬"。

3个月10000多公里，攻破技术难题

2001年，公司接到日本最大的连锁超市品牌"大创"生产浴鞋的订单。这本是一件高兴的事，但因为鞋底材质是易发泡的材料，鞋底易出现气泡，如何将鞋底材料完美地黏合在鞋底上成了个大难题。当时国内无人会这项技术，陈存富带领企业员工尝试了各种方法，尝试用胶水黏合失败后，又用了热熔的方法，但生产出的产品依然不合格。为了破解这个难题，3个月时间里，陈存富跑了不止10000公里，上海、广东、深圳全国各地到处走，查看了近百种胶水，不断请教黏合的技术。最后，了解到"控制温度"是关键，陈存富开始改模具、改设备，在设备上加了冷却环节，用水去控制冷却，最终攻克技术难关，产品得到日本方面的认可。研发成功后，恒远第一时间为该产品申请了专利。从那以后，恒远一天便能接到15000双以上的鞋子订单。此后，大创成了恒远在日本最大的稳定客户，恒远的生意越做越好。

最大的客户倒闭，50%订单的空缺如何弥补

2008年，金融危机爆发，恒远在日本最大的客户SOKO公司倒闭了。50%订单的空缺，以及如此不景气的市场环境，对恒远来说无疑是一个巨大的挑战。面对困境，陈存富再次选择迎难而上。因客户当时还欠着恒远一部分资金，所以就把自己用来生产产品的模具抵债卖给了恒远，又加上之前长期与日本方合作留下来的

基础,恒远做了一个重大的决定,"为什么我们不能变被动为主动,自己研发产品打进日本市场?"那段时间,陈存富不知道跑了多少趟日本,走街串巷,一方面了解日本市场客户对塑料制品的需求,另一方面向日本好的企业取经,再加上之前与大创合作打下来的好基础,恒远用整整1年的时间消除了这次金融危机和客户倒闭带来的影响,从而真正意义上开始了自主研发生产之路。

不想当将军的士兵不是好士兵

虽然恒远在塑料日用品市场上占的份额越来越大,但市场也越来越饱和,恒远开始寻找新的突破点。2012年,恒远看到了日本户外铝合金家具系列市场的空缺,开始涉足该领域。在短短六七年的时间里,公司扩大厂房,采购焊接、激光、加控中心等先进设备,聘用专业技术人员,凭借技术优势以及产品高性价比的特点,很快便与日本三大连锁超市确立了长期供应关系。目前,恒远生产的户外铝合金家具系列产品已占据了日本该细分领域市场约35%的份额,位居第一。"未来,我们想把该系列产品的'发展版图'一步步扩展到欧洲。"陈存富说。

"我们现在的产值近4000万元,一味求快并非我们的目的,路漫漫其修远兮,我们在一步步筑牢我们的核心竞争力,那就是'技术创新',我们有信心,企业会越来越好。"简单平实的话里,我们看到了一个靠"技术起家"的创业人内心真正的底气。

正标鞋业：从"小打小闹"到
"智能制造"的全面升级

张盈盈

台州正标鞋业股份有限公司（以下简称正标鞋业）位于温岭市泽国镇泽楚路西南侧，占地 15 万平方米，厂房上方迎面立着"正标鞋业"四个大字，门前货车进进出出，车间工人忙忙碌碌，展示出正标鞋业作为纳税大户、中国童鞋十大品牌、市重点工业企业、全市百强企业的企业形象。

正标鞋业成立于 2006 年，从一家只有 40 个员工的小童鞋厂开始，经历了 3 次厂房搬迁，一步步发展壮大至如今的规模。2019 年正标鞋业的年生产能力达到 140 万双，年产值 5200 万元。一路走来，正标鞋业遇到了企业招工难、劳动力成本越来越高、传统外贸出口竞争越来越激烈、产品稳定性不足、客户要求越来越高等种种问题,董事长夏念伍逐渐放开眼界、打开思路,把目光投向智能制造,下定决心走"机器换人"的道路,打造属于自己的品牌。

"小打小闹",开启"机器换人"之路

"机器换人",道阻且长。2015年开始,正标鞋业有意识地引进自动生产线,用自动化设备代替传统人工,最初的故事要从购入3台自动下料机说起。自动下料机又叫自动裁断机,是车间冲裁工序使用的,仅仅是这一小小的升级就让整个操作流程得到了优化:员工在电脑上打开程序,用电脑排好要冲裁的样式,传输到设备上,再放好原材料,按下"开始"键,裁断机就开始运作了。不仅效率大大提升,而且操作更精准、更省料。

随着生产实践,"小打小闹"的"机器换人"显示出其独特的优点,它在很大程度上缓解了招工难问题。原先的下料机对技术要求比较高,而现在自动化设备操作简便、环境整洁,只要懂一点电脑就可以上手操作,更容易吸引年轻人就业。同时,新设备也降低了生产成本。原来的下料机冲裁经常需要更换刀模,后期投入也是一笔不小的费用,而用自动下料机是电脑生成样式,排版更为科学,能节省不少原材料。

虽然"机器换人"的优势明显,但碍于当时产业形势不佳、更换设备成本较高、对智能设备了解不够深入、智能设备不够普及、机器产品应用率差等原因,正标鞋业仍旧没有进行全面升级,购入的

几台自动化设备因质量和性能都欠佳，最终仍是闲置。"机器换人"之路行走缓慢。

下定决心，全面转型智能制造

直到 2019 年，招工难形势愈发严峻，企业陷入了更大的劳动力困境，"机器换人"已成为大势所趋，夏念伍最终下定决心，要让正标鞋业向智能制造全面转型。

从 7 月份开始，夏念伍带领研发团队多次前往各个展会和"机器换人"较成功的同行企业参观，借鉴各方经验筛选可靠的自动化设备。买了设备，怎么用是关键，夏念伍马上请了专家为企业员工进行技术培训，又花重金请了温州的一家企业发展咨询公司进行辅导，理顺企业管理流程，解决人才管理和技术应用问题，整合设备方、管理者和工厂生产，建立起智能制造生产线。

现在，在正标鞋业二楼车间内，老式针车已经全部换成了电脑车和电脑罗拉车，20 多台针车围成一个圈，一个吊挂系统将 20 多台针车连接在一起，一个个蓝色的篮子在吊挂系统的控制下来回有序穿梭。设计部里，员工只需将模板设计、制作，分发给每一个步骤岗位上的员工，进行流水线生产。电脑车前，员工将材料、模板放置好，启动电脑车，将完成的部件放入篮子中，装好 10 个就按下设备边上的按钮，篮子就会自动前往下一个目的地，流动一圈下来鞋帮就制作完成了。

智能制造生产线实现了用最少的空间、最少的人，去实现最大的人均效能。如今，正标鞋业的产值每年都会翻一番，年产值从原先的1600万元迅速提升到6000万元。全面转型智能制造对正标鞋业来说是一条正确的道路，这条路要一直走下去！

孵化"智能制造"模式，发挥产业集群优势

智能制造是一个循序渐进、稳中求进的过程，减少了对技术员工的依赖，解决了"人"的问题，也实现了技术上的突破。时间证明了"机器换人"道路的正确性，也让台州正标鞋业股份有限公司的道路越走越宽、越走越顺。2017年，正标鞋业搭上了斯凯奇公司的快车，企业的生产环境、技术设备、生产力量、生产能力等硬件和员工关怀等企业文化软实力均得到了斯凯奇公司的认可，仅2017年就为斯凯奇公司生产了70多万双鞋子。

未来，夏念伍要打造出鞋业智能制造的"正标样板"，让更多的企业可以借鉴。"比如说我们的智能制造孵化生产线，结合本地实际情况，把这个项目做好，这套技术便可以整体输出，从而加快温岭鞋业提升的步伐。"夏念伍说。

正标鞋业还欲打造一个数字化的"童鞋小镇"，与深圳的"鞋博士"合作，通过开发一款3D软件，建立一个平台型小镇。"在'小镇'里，可以整合渠道商、供应商、设计师等，从前期设计到供应再到线上订货，形成一个良性闭环，并且通过'小单快返'模式，实现

最大效益。"夏念伍介绍说。他想通过共享平台,向温岭"童鞋区域品牌"靠拢,以行业集群、数字共享的形式整合资源,发挥产业集群优势,实现共同发展。

"智能制造"为正标鞋业插上了腾飞的双翼,让正标的体量越来越大,品牌越擦越亮!

浙江真奇：追求卓越，成就未来

陈倩倩

开车经过温岭石桥头镇土坦头这个海边的小工业集聚点，你首先就会被浙江真奇汽车零部件有限公司（以下简称浙江真奇）的两幢气派整齐的厂房所吸引。走进大堂，"打造中国洗涤泵生产基地，真诚服务于全球客户"的大字映入眼帘，彰显出浙江真奇的雄心与理念。这是一家专业制造汽车风窗洗涤系统、洗涤泵及微型直流电机的生产企业，现在为 VALEO、CEBI、北汽集团、东风汽车、长安集团、上汽通用五菱、东风雷诺、比亚迪汽车等 10 多家 OEM 提供配套，产品出口至南美、北美、欧洲、东南亚、中东、台湾等国家和地区。浙江真奇从一家小作坊发展成为国内汽车洗涤系统行业知名企业，获得了浙江省 AA 级"守合同重信用"企业等荣誉，体现了浙江真奇对创新创造的执着和对产品质量的追求。

敢想敢为，开启创业之路

1988 年，面对滚滚而来的市场大潮，志存高远的杨国庆毅然辞去稳定的教师工作，踏上了走南闯北推销钟表零部件的征途。经过几年的摸爬滚打，他深刻认识到靠单打独斗、零星推销成不了大气候，想要成功，自己必须找准立足点重新出发。

在看到汽车零部件市场的广阔前景后，杨国庆靠着敢想敢为的创业精神，义无反顾地投入汽车零部件的行业，开始涉足汽车零部件的生产制造，这一打拼就是 30 年。

万事开头难，他和自己的企业经历了无比艰难的时刻。他清楚地记得，创业之初，温岭市真奇汽车电器厂只有一间面积仅 10 平方米的简陋厂房，加上他自己也只有 5 名员工。不管是管理、生产还是销售，基本上所有的环节都需要杨国庆亲力亲为，为了赶订单还经常要和工人一起通宵赶工。不会就学，不懂就问，他坚信有志者事竟成，实践是最好的老师。"那时候也顾不上什么老板、员工了，只是心无旁骛地将主业做好。"杨国庆回忆道。

当时市场汽车保有量小，汽车零部件需求低，杨国庆带着自己的产品，几乎走遍了温岭所有的汽配商店、汽车修理厂，又去峦环车辆厂、玉环汽车改装厂以及杭州、武汉、十堰的汽配批发市场进行推销。

匠人匠心，走上发展坦途

2002年,温岭市真奇汽车电器厂规模逐渐壮大,但杨国庆却感受到了公司发展的瓶颈。想到当年自己挨家挨户推销产品时的场景,他带着真奇生产的洗涤系统来到长安汽车集团。在吃了多次闭门羹后,长安汽车集团的一位负责人终于被他的诚意打动,愿意和他仔细商谈。在看到杨国庆拿出的洗涤系统等汽车零部件后,那位负责人起初都不敢相信这样质量过硬的洗涤系统居然来自一家名不见经传的小企业。

皇天不负有心人,几个月后,长安汽车集团果然向真奇抛来橄榄枝,表达了合作的意向。然而长安汽车集团对配套产品的标准要求很高,远远高于真奇平时的产品标准,这次的合作对真奇来说是一个很大的挑战。

杨国庆却觉得这也是真奇成长的机遇,他吃住都在厂子里,亲自把关每个生产环节,确保每个产品的质量过关,最终用过硬的产品质量赢得了与长安汽车集团开展长期合作的机会。这一合作,便是近20年。

为了满足客户需求,扩大生产规模,真奇通过改进工艺、优化产品结构、引入先进设备,对生产工艺与质量管控做了全面的提升和改善,并于2007年10月通过了ISO/TS16949:2009质量体系认证。

自此,浙江真奇在行业里的知名度大幅提升,逐渐获得东风汽车、比亚迪汽车、VALEO、北汽集团等国内外 10 多家 OEM 的合作机会，迎来了发展上的腾飞期。

专注研发，开拓广阔市场

浙江真奇在商海激流的历练中白手起家、艰苦创业、奋发图强，从无到有、从小到大、从弱到强。"企业的发展离不开产品的创新，而真奇的发展就是不断创新的过程。"杨国庆说。

目前，真奇已拥有 3 条智能化洗涤泵及微电机自动化生产线，自主开发了以汽车洗涤系统、洗涤泵、直流微电机为主导的 3 大系列 180 多个型号的洗涤泵，获得 30 多项国家专利，同时洗涤泵顺利通过了国家权威机构 EMCⅢ级验证。

但是，真奇的产品研发创新之路也并非一帆风顺。

2013 年，洗涤泵在研发升级过程中遇到技术难题，现有研发人员无法突破核心技术。此时，温岭市政府和相关部门了解到真奇存在技术核心问题，来企业实地调研，帮助真奇联系从事泵设计 40 多年的德国专家 Alfred Otto Mersch 教授，成功地聘请到他担任技术顾问，同时聘请了新加坡洗涤泵技术专家和原德昌电机公司的微电机工程师共同进行新产品的创新研发，并对原产品进行了结构优化、工艺改进和技术升级，效果显著。

如今，真奇已成功研发汽车尾门及 ETC 电机，自主研发的汽车风窗玻璃洗涤器获得"浙江制造"认证。2019 年，真奇正式与德尔福、电装等世界 500 强企业开展合作，专门引入一条自动化生产线用于生产汽车 ETC 电机，由原来的 11 个工序岗位缩减为 1 人操作，大大提高了生产效率、经济效益及质量的稳定性。

杨国庆坚信，真奇拥有一流的设计研发团队和品质卓越的产品，一定会开拓出更广阔的市场。杨国庆的目标是让真奇成为受人尊敬、引领创新的百年企业。怀揣着这一美好愿景，真奇将一路向前！

铭振电子:插上技术创新的翅膀腾飞

舒利君 林云肖

从小打小闹的夫妻厂到拥有核心技术跻身国家高级技术企业行列,从路桥地摊到国际顶尖企业供应商,浙江铭振电子股份有限公司(以下简称铭振电子)经历市场风雨 15 年,从小变大,从大变强,已成为行业的佼佼者,其发展转型之路也是许多民营企业发展的缩影。

夫妻下岗,为生计艰难"闯市场"

陈学森、孔丽华夫妻本是温岭市机械电机厂的员工,丈夫跑销售,当了销售科长,妻子做技术,后来成为车间主任,两人都成了这家乡镇企业的骨干,一干就是 12 年。如果不是 1996 年温岭市机械电机厂倒闭,夫妻两人可能一直干到老。电机厂的倒闭,让夫妻两人一下子全成了下岗工人，家庭也没了生活来源。面对上有父母要照顾，下有一儿一女要抚养的生活境遇，夫妻两人揣着千把块钱决定干回老本行，开起了自己的电机厂——森达电机厂。

"那时候，只想着养家糊口。"孔丽华回忆当时创业的场景。没有自己的厂房，租了当时的大间乡农技站，几台机床，几个工人，厂子就开张了。夫妻两人既当工人又当技术员，还要亲自跑市场，没日没夜地干。孔丽华回忆那时候的"跑市场"：生产的产品自己运到路桥市场摆地摊，交通不便的时代，要转好几趟车，先从城南坐车到温岭南站，然后乘三轮车到温岭长途汽车站，再乘车到路桥车站，到了之后还要乘一趟三轮车到市场。

当时森达电机厂生产的电机产品主要用于冰箱、冰柜等电器的维修。虽然苦，但夫妻两人靠着蓬勃的求生欲一直坚持着。

求贤若渴，谋发展咬牙"求转型"

在勤劳艰苦创业中，夫妻两人渐渐地有了原始积累。2004 年，两人在城南镇中心工业区租地 10 亩，建起了属于自己的厂房，正式成立了温岭市三木机电有限公司（以下简称三木）。伴随着企业的发展，夫妻两人愈加认识到核心技术的重要性，一家企业如果没有自己的核心技术，就不能持续地创新发展，就无法跟上市场的需求，在市场中处于被动，迟早会被淘汰，而技术又依靠人才。"企业必须进行技术革命，必须重视人才招募。"这样的想法也决定了公司后来的命运。

2007年,陈学森、孔丽华夫妇机缘巧合下认识了曾在国营企业工作30余年的高级工程师黄世舒,这样一位出色的技术人才、管理人才正是公司发展需要的高端人才。夫妻两人向黄世舒抛出了橄榄枝,但如何让大家都争着抢着要的高端人才选择三木呢?一次又一次地沟通联系,一次又一次诚恳地向其诉说公司的创业过程和发展现状,就这样,夫妻俩在求才之路上坚持了2年,其真诚和锲而不舍的精神最终打动了黄世舒,他答应来公司帮助企业发展。

黄世舒回忆当时来到三木的情景:"企业要发展,就要有定位,当时我就提出了两个要求,一是企业要放弃现在生产的低端、低能耗产品;二是在产品定位上要精而专。"黄世舒进入三木后,公司开始了大刀阔斧的改革,主攻产品从传统电机转向新型高级外转子电机,技术标准以德国等同类产品的前沿顶级水平为参照。"当时厂里还积压的低能耗低端产品,我们一共用了6辆拖拉机,全部拉走当废品卖掉,老板娘还曾为此偷偷抹眼泪。"黄世舒说。

没有破釜沉舟的决心,就没有转型发展的坚定。至此,三木"小而精"服务高端市场的发展定位开始形成。

走出国门,小而精闯出"一片天"

公司转型过程中的关键一步,就是成为德国西门子公司的合格供应商。但在当时西方国家对中国制造存有偏见的环境中,这条路走得颇为艰辛。

2006年,陈学森决定到德国参加机电展销会,在这之前,陈学森还没坐过飞机,更别说出国了。那次出国花了十几万元,差不多是当时公司大半年的利润,现实是残酷的,展会并没给公司带来订单。第二年,夫妻俩没有灰心,再次去了德国参加展会,但同样没有收获订单。不过,不久后公司却接到了西门子苏州全球采购中心打来的电话,表示了合作意向。接到电话后的第三天,夫妻俩就带着样品赶到苏州跟对方洽谈,但并未洽谈成功。三木公司没有放弃,经过1年多的沟通和磨合,西门子苏州全球采购中心终于同意合作。可是有了合作意向后,公司却迟迟没有等来订单。这让夫妻俩坐不住了,于是直接跑到德国西门子总部询问。功夫不负有心人,2008年10月,三木机电终于等到了德国西门子公司前来验厂。

"其实我当时最担心的不是产品的质量,而是对方的验厂,这就不仅要求产品质量过关,更要求企业的整体能力和素质过关,能够可持续地稳定地提供优质产品。"黄世舒回忆说,"虽然我们当时没有现在的新厂区,旧厂区也只有现在的三分之一大,但当西门子的代表看到我们的技术,赞叹我们用最经济的方式实现了最精密的要求,还给我们竖起了大拇指。那一刻,让我难忘。"最终,三木电机成功通过德国西门子公司严格的测试并获得了认可,被正式确定为西门子公司的合格供应商。有了西门子公司合格供应商的名片，三木机电在高端市场也开始走得更加顺畅。此后几年间，其产品畅销俄罗斯、印度、意大利、澳大利亚等十几个国家。

2008年爆发的全球金融危机，对于三木机电却是个千载难逢的机遇，该公司性价比极高的外转子电机产品在欧洲同类市场上备受青睐，收获了大量订单。2007年，三木机电产值还只有几百万元，2008年就迅速增至2000多万元，2009年又同比翻了一番，此后每年都有较大增幅。

深耕细作，两手抓保持"驱动力"

2017年12月，三木机电正式更名为浙江铭振电子股份有限公司，如今，公司产值已近2亿，70％的产品销往欧盟国家，甚至打败了德国产品，在俄罗斯机电市场的市场份额从30％扩张到了现在的70％。作为国家高新技术企业，公司成绩的取得，离不开其在技术创新上的深耕细作。虽然公司已经拥有了核心技术，但从未停下过产品研发的脚步。

早在2010年，公司就开始走产学研合作道路，与高校合作成立研究院，也成立了自己的实验室，每年都能发明实用新型专利5至8项，创新研发的项目曾被评为浙江省重点技术创新项目、国家火炬计划产业化项目，公司的研发中心也成了浙江省中小企业技术中心。此外，诚信也是铭振电子行稳致远的影响因素之一。黄世舒介绍，公司不仅对待客户保持诚信，对自己的供应商同样也十分注重诚信,在严苛要求质量的同时始终践行准时交付货款,也培养了一批精英供货商,以此保障自身产品的质量和稳定性。

在重视技术创新的同时,公司也十分重视人才资源。孔丽华说,当今企业的竞争很大程度上是人才的竞争,拥有了企业所需的人才,企业才能立于不败之地。尊重员工,是铭振公司企业文化的内核之一,早在10年前,公司就为员工提供宿舍,如今,员工旅游、工龄奖励等各项政策让员工有了更强的归属感。公司创业初期的三四十个元老级技术骨干,始终坚守在公司,未曾离开,这也是让陈学森、孔丽华夫妇颇感自豪和欣慰的。

如今,秉持着"小而精,工于心"企业发展理念的浙江铭振电子股份有限公司,依旧致力于寻找高端技术人才,不断开展技术创新,向国际先进产品标准看齐,以民企的姿态践行着"中国制造"。

瑞晶机电：打造世界顶级的风机产品

陈余玉

"精工瑞晶独具匠心"，诚然也。台州瑞晶机电有限公司（以下简称瑞晶）潜心于机电行业，苦心孤诣，致力于生产世界最尖端的产品。它从拆解进口机起步，在德国会展上起飞，最终成为中国乃至国际风机行业中屈指可数的佼佼者。所有的努力配得上最好的结果。

创新路上，瑞晶在前进。

在全国 12 家风机生产企业和全球市场份额 9 个多亿中，台州瑞晶机电有限公司是其中的佼佼者。谁能料到，30 年前，瑞晶还只是一家小小的作坊。

郭文斌是瑞晶的董事长。他告诉笔者："从生产配件到造出第一台小型高压风机，从手动装配到使用机械装配，瑞晶经历数次飞跃。"

小作坊主立下大志

郭文斌是温岭市石塘镇人。他说,以前我国高压风机几乎全靠进口。"为何外国人赚我们钱? 我们也要造空压机出口到外国去!"

那时,瑞晶做的是配件,一没样品,二没技术。郭文斌犯了难,"如何下手?"几番思量,他进口一台整机,愣把机器拆个支离破碎,把每个零件研究过去,把构造原理摸了个透。功夫不负有心人,他终于造出了第一台小型高压风机。"我们根据国内实际情况,对风机进行改造,比国外进口的还好用。"

造出高压风机的郭文斌并没有满足,他心里念念不忘的还有另一件事:让自己的高压风机走出国门。联系客户,找对外销路成了郭文斌的主要工作。那一年广交会上,令他想不到的是,他的高压风机引得众多国外客商驻足,同时他也接到了第一单出口生意。

豪华摊位"惊艳"汉诺威

2017 年 4 月 25 日,瑞晶再次受到关注,这次是在德国。

事情还得从那次广交会说起,郭文斌的高压风机不仅赢得了国外客商关注,还吸引了一家著名会展公司。会展公司负责人找到他问:"既然想出口,德国有个著名的汉诺威工业博览会,为何不去那里参展?"一句话说到郭文斌的心里去了。

郭文斌估摸着，去德国参展价格会更高，加上食宿、翻译等，是一笔不小的费用。为了打开国际市场，他咬咬牙给那家会展公司一笔巨款，让它全权负责安排。

"哪知道汉诺威工业博览会的摊位并不贵。我一下给出一大笔钱，会展公司以为瑞晶是家大企业，一下子买下 4 个连锁摊位。后来我才知道，就算国际一些知名企业，也只是买两个摊位。"即使这样，钱还是剩下很多，于是会展公司对 4 个摊位做了一番豪华装修。歪打正着，在德国汉诺威工业博览会上，瑞晶成了最耀眼的明星。

说起这件事，郭文斌连连感叹自己"傻人有傻福"，无意中搞出排场，一下子打出了瑞晶的知名度。

价格战击退"八国联军"

汉诺威工业博览会上突然冒出一家来自中国的民营"大公司"，令同行的国外老板又惊又疑。惊的是瑞晶如此派头怕是来头不小，疑的是一向依赖进口的中国，一家高压风机大公司崛起，自己怎么毫不知情。老外们商量一番，达成一致意见：压低展品价格，给瑞晶来个"下马威"，探探这家中国公司的底细——如有可能，通过价格战让瑞晶直接"out"，或把它排挤出国际高压风机市场。

第二天、第三天，所有的国外高压风机展品价格全都下降。郭文斌看在眼里,但他没有乱方寸,立即将价格改得比对方更低。

第四天,眼看外商还要降价,郭文斌却抬出一张价格牌。这一下,外国老板们慌了神:这个价格已低于他们部分企业的成本价。本想教训一下瑞晶,却被反将一军,临时结成价格同盟的成员纷纷打起退堂鼓。

瑞晶一家小企业何以在价格战中胸有成竹?郭文斌道出原委:"关键在于人力成本。中国工人工资水平与一些发达国家差距相当大,发达国家一个工人的工资可以养活好几个中国工人。就算现在,我们的工资水平与发达国家差距仍十分明显。廉价人工让瑞晶的高压风机占尽成本优势。"

自我创新奠定国际市场

随着对外窗口打开,与国外先进制造业的差距让郭文斌越来越坐立不安,这使他再次萌发了技术改造的念头。"要真正实现高压风机的规模化生产,让自己的流水线达到国际先进水平。"

此后,瑞晶加大与国内高校科研合作,并借力大连理工大学空气动力科研项目,智能高压风机产线终端就是共同研发的成果之一。在2500平方米的生产和装配车间现场,笔者看到,当高压风机产线终端将一根管线接在流水线上移动压机后,屏幕马上显示出被检测机器的横剖面,哪里有问题一目了然。正是这台终端测试机让瑞晶实现了装配与检测自动化,也让瑞晶成为国内首个拥有自动化检测流水线的公司。

如今,瑞晶并不满足于现有成果,尽管公司已拥有多条全自动的流水线,一条流水线上只需要 10 多名工人,而在以前同样的工序需要几十人操作。郭文斌说:"我们每年提取销售额的 6% 作为研发的资金。可以说,现在产品质量已真正达到国际先进水平。"

瑞晶产品展示厅中摆放着几十种不同的高压风机、漩涡气泵、气环真空泵等样品,这些大小产品都是瑞晶自主开发的,已取得国家实用专利 20 多项、发明专利 2 项,其中几个品种通过省级新产品鉴定,更是填补了国内空白,已成为瑞晶出口西欧及北美等地区的主导产品。

据介绍,2014 年台州瑞晶机电有限公司产值仅 300 多万,2015 年产值达 1700 多万,2016 年又实现产值 3700 多万。

暮色渐浓,笔者看到厂区墙体上的"精工瑞晶独具匠心"大字,终于明白一个道理:瑞晶在创新路上一直不断前进着。

星火减震器：小微企业"成长之星"
是这样炼成的

赵碧莹

作为温岭市星火减震器有限公司（以下简称星火减震器）的负责人，林国军最近真的很忙，车间里加班加点在赶工，每天要将十几吨的产品发到雅迪、吉利、龙嘉等合作商的手里。

但接连不停的订单并没有让林国军开颜，这几年工人工资、材料价格不断上涨，如何降低生产成本，保证产品利润？林国军和妻子邱彩花早就已经开始思考：产品质量不能降低，材料成本无法控制，这样的情况下，只有通过技术创新来提升产品的附加值，同时，通过自动化设备取代人工，以此降低生产成本。

显然，对于星火减震器来说，这是一道"加减法"的命题，而他们答题卷上的成绩很不错，2017年更是获得了浙江省小微企业"成长之星"的荣誉称号,它也是温岭唯一一家上榜的企业。

起步难,"撒网捕鱼"打开市场

对于温岭的众多企业来说,星火减震器并不算"名声显赫",但对于减震器行业来说,这家企业的知名度却不低,甚至被同行这样夸奖过——"建大轮胎,星火减震",由此可见市场对它有多认可。

这样子的认可,是林国军和邱彩花夫妻花了二十几年时间才取得的,其间辛苦无法言说。

"1997 年,我们从钱江摩托出来开始自己做汽车配件业务。1999 年,我们筹了 100 万元,投身到减震器行业。"林国军说,刚起步时整个企业只有 5 个人,林国军负责销售,邱彩花负责发货、送货、收款、内勤,车间里还聘请了一个车间主任管着,就这样开始接单生产了。

林国军回忆那时候的辛苦,为了打开市场,自己天南地北跑业务,妻子昏天黑地管工厂,最初夫妻俩甚至一直在"白忙活"。"当时工厂采购减震器这类配套产品都是跟着塑料件走的,买了塑料件的同时一起买其他配套产品。所以,一开始我们都是把减震器直接送给塑料件厂,通过他们把我们的产品慢慢带出去的。"

网撒出去了,鱼也就慢慢来了。市场打开后,2000 年,他们在广州设立了办事处。"2002—2008 年,可以说是减震器市场的黄金期,整个市场对减震器需求量大,但是生产的企业却少,尤其广州那边,可以说是一片空白,给了我们很好的发展机会,甚至雅迪、吉利、龙嘉等知名厂商都开始和我们合作。"林国军说,"2005年,我们又在江门市购入一块土地,花了三四年时间盖起了厂房。当时之所以选择江门市,是因为那里是汽摩配企业的集聚区,信息流通快,而且运输、配套等也很方便。到现在,江门星火减震器有限公司已经成了我们接单的主力,温岭工厂的很多订单都是帮着江门的公司生产的。"

做"加法",创新驱动提升质量

说起生意做得这么大的原因,林国军认为主要还是产品质量过硬,得到众多客户的认同,所以生意才能一年比一年好。

"减震器是很精细的产品,如果里面卡了一点点灰尘颗粒,就容易出故障,所以我们公司对生产环境的要求十分严格,目前车间的生产流水线已达到净化标准。车间地面也由当年的水磨石改成更为昂贵的环氧地坪漆。环氧地坪漆看上去更干净更亮堂,更容易看见灰尘颗粒,同时也显得车间更干净。"林国军开玩笑说,"就差空气没消毒了!"

而高质量的产品研发生产靠的则是公司多年来坚持不断的技术学习、人才引进和资金投入。

生产技术是汽摩配产业的精髓。过去,汽摩配产业大多参照国外产品的样品来生产,自主研发少,技术含量低。星火减震器也经历过这么一段时间,拿着别人的样品照着做,但这样一来,他们就没有了竞争优势,利润掌握在那些有自己产品的企业手上,别人吃肉,他们只能喝汤。林国军说:"2002 年,我们以 50 万元的年薪请来了设计师,迈出了自主研发的第一步。从外形到核心全部独立研发。"

值得庆幸的是,星火减震器自主研发之路走得比较早,同行竞争没有现在那么激烈,给了他们的自有产品一个发展起来的空间。

做"减法","机器换人"改造车间

创新驱动实质是人才驱动。在星火减震器,这也是一个永不休止的真命题。

"减震器行业的人才很难培养,必须要有十几年经验才行,这种人才可以说是可遇不可求。"为此,公司求才若渴,对于资深专家、行业骨干、销售精英,都是以高薪聘请的形式来招揽,组建的团队极具发展潜力。

在专业人才上做"加法",在普通工人上,林国军则是想方设法做"减法"。

"这几年普通工人工资涨得很厉害,而且还很难招,我不得不通过'机器换人'来缓解招工压力。"林国军说,"最近我们新添加了 5 台加工中心,而且还通过互联网把车间里的磨床连成了一条流水线,以前一台磨床需要 2 个人操作,现在 3 台磨床只需要 2 个人。

更重要的是，这样操作下来后，不仅节省了人工，产量也增加了。同样数量的磨床以前生产量只有 12 万套，现在则有 20 万套。"

除了购入自动化设备，公司车间里的不少设备还是他们自己改造的。"如果所有设备都靠买，对于我们来说成本太大，所以我们只能自己动手改造设备，比如装备线上的自动化设备就是我们自己改造的。以前装配工人需要花大力气去压，现在只要把材料放上去就能自动进行操作了。"林国军说，不只装配线，整条生产线上有四五个环节的自动化设备都是他们的技术人员改造的。

最近，江门市的大长江集团购入了几台新的自动化设备，听到消息后，林国军就将技术人员派去了江门市。"我要让他们去考察一下这些自动化设备是什么样的，回来后我们也可以琢磨着改造升级一下。"

如今，林国军和邱彩花夫妻把公司具体业务下放给员工处理，两人坐镇中央，统筹指挥。关于公司未来的发展，他们信心满满，也保持着更多的期待，希望公司越做越大，做到行业前三，也希望公司朝着现代规范化企业的方向转变。

第四辑

厚植深耕　做精做专

小鱼村电子商务：一座大海托起的网上商城

叶婷婷

在电商"横行"的今天，温岭的鞋、帽、汽车坐垫在网上卖得风生水起，但你可能不知道，温岭的水海产品在各大网络销售平台上也备受青睐，这就不得不提到温岭这家小有名气的电商企业——台州石塘小鱼村电子商务有限公司。小鱼村成立于 2010 年 12 月，目前主要在网上经营腌制海产品、海鲜干货、风味鱼制品等特色小吃、冷冻水产及制品、生鲜水产等产品，同时拥有自己的网络销售平台"浙东石塘小鱼村"。小鱼村是浙江省首批电子商务服务商，也是浙江省电子商务促进会常务理事单位，中国互联网电子商务诚信示范企业，移动互联网优秀企业，于 2016 年在浙江省股交中心创新版挂牌。近两年来小鱼村被评为 2018 年浙江省小微企业"成长之星"、浙江省科技型中小企业、浙江省 2019—2020 年度重点培育电商平台，它俨然已经成长为温岭的电子商务创业带头人。

"五网合一"，特色就是竞争力

小鱼村的创始人朱威光读书时就对电子商务感兴趣，他一边在美国加州州立大学求学，一边创办了一家电子商务公司，那时主要销售鞋子和童装。"鞋服行业在网上竞争非常激烈，并不好做。"后来，朱威光想到了家乡的水海产品，"水海产品网上竞争少，而且海鲜本就是温岭特色，我们有地域、资源优势"。

2016年，朱威光在石塘租了厂房，和石塘镇人民政府合作，正式成立了小鱼村电子商务园。成立初期，偌大的电商园进驻的企业只有寥寥数家，这是因为温岭的水产企业对销售渠道的了解仍局限在传统模式中，有些甚至不了解电商是做什么的，更别提让他们相信电商平台能为他们带来巨大的客户流量与发展优势了。面对困难，朱威光选择主动出击。他挨家挨户走进石塘的水产企业洽谈合作，为了吸引这些客户，还一手承包了他们入驻后网上平台运营的大部分工作，比如产品资料搜集、拍照上传、后台推广等。这样才逐渐"招揽"了周边的一些企业，让他们将产品放到网上销售。

这一年，朱威光还开发了一个销售各类水海产品的专业网络平台。"水海产品在网上很有市场，像天猫、京东等平台上，都有专门的生鲜馆，但这些平台都是综合性平台，所以我们就想打造一个专门销售海鲜的网站，这才有了'浙东石塘小鱼村'。"朱威光说。目前这个平台已有30多家厂商进驻，包括山东、浙江等地的厂商，会员2000多人，产品200多种。不仅吸引了零售的顾客，还有不少在全国各地做海鲜生意的温岭客商光顾，他们直接在网站上下单，再把温岭的水海产品批发到全国各地。2019年以来旺季销售每天超过3000多单，淡季也有500多单。

小鱼村创新运营模式，实行"五网合一"（官网线上商城，手机客户端，微信，淘宝、京东等综合平台，线下实体店）立体化运作，除了"浙东石塘小鱼村"这个温岭人自己的水产"淘宝网"之外，小鱼村也在淘宝、京东等大型平台上开设专卖店，借助第三方平台优势，吸引客户，扩大知名度，目前已有客户30多万人；积极投入手机客户端的研发，于2017年3月成功投放市场营运，为客户提供更便利、更专业的服务；开发微信相关功能，建立微信公众号，开设微店销售；同时探索线下经营，通过实体运作更快更及时地了解市场需求，为线上运作提供第一手信息。2019年，小鱼村的销售额突破5000万元。

钻研口味，美食也要有创新

一开始小鱼村销售的都是温岭的水海产品，比如墨鱼干、紫菜、真空黄鱼以及新鲜水海产品等，后来，光温岭的产品已经远远满足不了客户的需求。所以，从 2018 年开始，小鱼村专门组建了一个市场部，在祖国的沿海一带奔忙，去往山东、浙江等地寻找"海里的美味"，山东的鱿鱼丝、温州的带鱼酥，还有泥螺、蛏子、螃蟹等腌制品，皆被挂在了网上。2019 年小鱼村牵头成立温岭市农产品流通协会，扩大发展格局，网罗温岭高品质农产品，形成合力逐浪电商，现已有会员单位 30 多家。

除了到处寻找水海产品，小鱼村的团队还精心打磨口味，赢得了市场好口碑，例如他们研发的一款鱼骨香豆藻，如今已经成为小鱼村的拳头产品之一。鱼骨香豆藻，顾名思义，里面有鱼骨、豆类、藻类等材料。研发这款产品的灵感来自朱威光在舟山的一次考察，他发现舟山的鱼骨非常畅销，很多上班族喜欢把鱼骨当零嘴，但是舟山的鱼骨没有其他配料，顾客反映口味单一且有腥味。朱威光于是开始思考怎样丰富鱼骨的配料并且去除掉腥味。他精挑细选了 6 种配料，又找到了温岭市餐饮协会，找"专家"一起将口味做到最好。经过多次比例调整，才有了如今的鱼骨香豆藻。"我们在公司里讨论了很久，起了十几个名字，最后才定下来这个名字，把所有的材料都归纳在内，既好听，又能让消费者一目了然。"朱威光介绍说。这款产品一进入市场就备受消费者喜爱，还获得了 2018 年温岭农林渔业博览会优质农产品奖。

自定标准，美味绝不能将就

除了扩大产品种类，食品最重要的就是安全。

小鱼村最初卖过一款墨鱼干，发货后消费者反映口感不好。朱威光就跑到生产厂家那里查看，发现他们是用煤球炉烘干墨鱼，烘干工艺会对口感造成影响，按要求墨鱼干应该自然风干，所以这个供应商就被淘汰了。

这件事情对朱威光来说是一个教训，也让小鱼村团队明白了食品质量与口碑是留住顾客的硬要求。现在小鱼村对上架的腌制泥螺个头大小都有要求，如果泥螺个头小，哪怕进价便宜，也会被小鱼村退货。

不仅如此，产品口感好不好，小鱼村还把选择权交给了消费者。新产品到了后，朱威光就会让公司员工一起品尝，然后再邀请消费者免费试吃，每次试吃都会寄出几百份产品，如果反馈里有负面的，他们就会放弃，只有得到消费者一致认可的产品才会在网站上架。如果通过供应商直接发货给消费者，小鱼村会要求供应商发货前拍照留档，再与消费者评价的照片一一对比，杜绝供应商以次充好。

在朱威光的办公室还有两份厚厚的纸质文件，这是小鱼村自己制订的企业产品标准，一份是腌制海产品标准，一份是风味鱼制品标准，现在小鱼村的相关产品采购都要按照这两个标准进行。

乘风破浪，"小"鱼村将有"大"未来

朱威光为公司做了打基础、上规范、出效益的发展规划，2017

年小鱼村实现销售额 1000 万,2018 年销售额突破 3000 万,按照目前的发展速度,预计 2019 年和 2020 年小鱼村销售额将达到 5000万和 1 个亿。公司目前正在筹备挂牌新三板,小鱼村将吸纳更多的优秀电商人才,完善规范运营机制,将"小鱼村"打造成国内家喻户晓的互联网水产食品品牌。

栖衡石舍：打造石塘精品文旅民宿的金名片

朱苗苗

素有"画中镇"之称的石塘，是新千年曙光首照地，有着"东方的巴黎圣母院""中国十大摄影小镇"美誉。近年来，七彩小箬村、对戒观景台、精品石屋民宿等众多网红打卡点使这个小镇日益成为周边地区人们旅游休闲的首选地。2015 年，一群热爱阳光、石屋、大海的年轻人将目光投射在这里，开启了一个面朝大海，春暖花开的民宿打造之旅。

坚持品质优先，力求精品化民宿标准

"看得见山，望得见海，记得住乡愁"，这大概就是栖衡掌门人许呈肖当初全身心投入做民宿的简单想法。清诗有云"层层房屋鱼鳞叠，半依山腰半海滨"，证明着石屋的古老，几经沧桑，山间徒留老屋，一片荒芜。2015年，许呈肖投资2000万元，在将近6000平方米的石塘车关村澜山上，犹如神笔马良一般，在断壁残垣上开始描绘梦想的蓝图。创业初期是艰难的，民宿的初心是一种情怀，但如何修复改造当地独特的石头房子，融合当地的文化特色，渗透人居、美学、创意，却是纷繁复杂的系统工程。

刚开始施工的时候，许呈肖吃住都是在村里阿姨家中，每天早上6点起床，晚上很晚才睡。从挖掘机开挖的第一铲土，到2016年7月的正式营业，经历了两个夏天的漫长筹备。2016年栖衡石舍仅开发经营9间客房，尽管知道9间客房远远满足不了旺季的需要，但是，许呈肖心里有杆秤，要做就做成石塘的精品民宿标杆，从中央空调、德国高仪原装进口卫浴系统、卫星闭路电视、史密斯空气能热水器、免费Wi-Fi、电子门钥系统等，到希望能给予客户最好体验的管家式服务，在硬件上、软件要求上，用许呈肖的话说，一开始的目标就是朝着精品二字而去。要做，就努力做好，这是他那个时候的真实想法。

三年磨砺终见锋，初具规模展蓝图

努力付出总会有回报，三年来，在掌门人许呈肖的带领下，栖衡石舍以其优越的地理位置、高档的硬件设施、良好的服务态度、诚信的经营理念、严谨的管理风格，树立和打造了良好的企业品牌与文化,取得了良好的社会口碑。此外,栖衡石舍也通过不断强化自身硬件的打造,同时积极配合所在村镇相关周边道路改造、环境优化、配套施舍建设,通过电台、电视、新媒体宣传等方式展现栖衡服务、文化、地理等理念,受到越来越多客人的青睐和喜爱,入住率也以每年增加 10％的比例逐年上升。

截至 2019 年上半年,栖衡石舍陆续接待了天南地北的旅人 2.28 万人次,好评率达90％以上,规模也从最初的 9 间客房扩大到现在的拥有 9 栋楼 31 间客房的"大家"。三年以来,栖衡石舍通过不断强化自身硬件的打造,民宿基建更加完善,增添了景观大厅、露天广场、海景书吧、儿童游乐室以及无边际戏水池等设施,现已全部投入使用。近年来,栖衡石舍也获得了众多的荣誉,获得浙江省第八批五星级农家乐经营户(点)、2018 年度浙江省金宿、2018 年浙江省放心民宿、2018 年浙江省十佳文化主题民宿、浙江省巾帼示范民宿等荣誉称号,并成为温岭市总工会授牌的首家民宿工会疗休养基地,近期,栖衡石舍还与海峡两岸美丽乡村振兴学院合作成立民宿研究中心,成为台州高校民宿管理专业定点实习基地。

强化内功服务需求,不断打造"民宿＋"文化品牌

为保持团队的管理水平与服务水平,栖衡石舍坚持强化规范化管理,制定消防、食品卫生各类安全预案,并邀请行业精英对员工进行餐饮服务技能培训、客房服务技能培训、礼仪礼貌服务等拓

展培训。在对外交流上，栖衡石舍不定期参加同行业交流沙龙，共同探讨民宿发展问题，还策划了艺术家入驻计划，包括摄影、书画等领域的国内外知名艺术家已经入驻栖衡石舍并进行了艺术创作。

"澜山蓝书屋已经举行了 30 多起读书会，栖衡石舍二期工程正在建设，我预备腾一间石屋出来，专门作为海洋剪纸的展示馆。"栖衡石舍店长连玲玲介绍。栖衡石舍将民宿与"非遗"、美食、海洋文化等结合起来，形成"一店一主题，一店一文化"，不断打造"民宿＋"文化品牌。接下来，栖衡石舍将力主引进石塘本地非物质文化遗产传承人工作室、手工匠人工作室、民间手工艺人工作室，以直接现场制作、电子化展览、演艺和互动参与的文化体验，展现历史文化价值。同时对现当代以手工、艺术相结合的时尚产业进行现场推广，为未来非物质文化遗产的发展提供平台。

在许呈肖眼中，栖衡石舍的发展不仅仅局限于一家石屋民宿的发展壮大，它要打造的是一张石塘文旅精品民宿的金名片。以"金色沙滩"为核心吸引物，以"曙光之地"为特色吸引点，以"石塘石屋"文化为引领的地方特色文化为底蕴，以"生活化旅游""生态化开发"为核心理念，以"自由式深度休闲度假"为诉求的山海慢生活正逐渐成为现实。

两代人的努力让乌骨鸡变成"金凤凰"

——浙江合兴禽业发展有限公司的创业故事

张潇远

　　2019 年 8 月 19 日这一天,对合兴禽业的杨冬娇、陈美燕母女来说,是一个值得庆贺和纪念的好日子,就在这一天,她们公司的"温岭坞根乌骨鸡"被农业农村部农产品质量安全中心正式纳入全国名特优新农产品名录,并获得全国名特优新农产品证书。合兴禽业能获得这一重要成就,和杨冬娇、陈美燕母女多年付出的心血是分不开的。要知道,农业养殖企业创业实在是不易,不仅要与天斗,还要与动物疫病斗,往往一场大的动物疫病就让企业血本无归。创业过程中的种种艰辛,杨冬娇、陈美燕母女历历在目、滴滴在心。

科学养鸡，打造现代化养殖示范点

1996 年底，杨冬娇、陈仁夫夫妇开始在革命老区——温岭市坞根镇显屿头养殖白毛丝羽乌骨鸡种鸡，获得了不错的经济效益。但 1997 年后，坞根一带的养殖户一哄而上，造成市场竞争过度，效益开始下滑。杨冬娇夫妇经过反复思考，决定提高养鸡的科技含量，以此提高经济效益。于是，他们聘请了国内知名的专家教授作为技术顾问，借脑登梯，企业踏上了科学发展的新台阶。他们还聘请浙江大学的专家对养殖场进行科学规划，科学选育祖代种鸡，并采购先进设备，在种鸡养殖区安装了数码监控管理系统，实现了远程遥控管理，实施了标准化养殖，使鸡群的健康水准不断提高。几年下来，杨冬娇夫妇从门外汉变成了对饲养、管理、防疫颇有心得的"土专家"，甚至可以用自配的中草药为鸡治病。夫妻俩还研究出一种含中药成分的饲料配方，并获国家专利。养殖场获得了"中国农科院温岭丝羽乌骨鸡研发中心""乌骨鸡祖代种禽场""全国标准化养殖示范基地""国家级乌骨鸡标准化示范区"等荣誉称号。公司也不断发展壮大，拥有规范种鸡场 2 万平方米，孵化厅 600 平方米，引进了配套全自动孵化器，可年产优质苗鸡 720 万羽，商品鸡 720 万羽。2008 年下半年开始，"圆溜溜"牌乌骨鸡蛋还出口到香港、法国等国家和地区，73 项出口指标均符合欧盟标准。在杨冬娇的精心培育、科学养殖下，坞根老区的乌骨鸡变成了"金凤凰"。

成立合作社，带领老区群众共同致富

一花独放不是春，百花齐放春满园。要带领老区群众走共同致富的道路，是杨冬娇这位台州市级劳动模范、共产党员想得最多的事。2002 年 3 月，在温岭市供销社的帮助下，杨冬娇牵头成立了全市首个农民专业合作社——温岭市兴合禽业产销专业合作社。2003 年 7 月，杨冬娇又成立了浙江合兴禽业发展有限公司。有了公司和合作社，杨冬娇的事业更加红火。合作社采取"公司＋合作社＋基地＋农户"的生产经营模式，实行"六个统一"，在扩张养殖规模后，社员从过去的 32 户发展到现在的 125 户。合作社强力推行"无风险寄养工程模式"和标准化管理，使一开始名不见经传的兴合禽业产销专业合作社发展成为浙江省内有名的乌骨鸡营销大户。

2005 年下半年，一场突如其来的高致病性禽流感给养鸡业造成了致命打击。杨冬娇利用自己积累的销售渠道，到处推销合作社社员的乌骨鸡，尽最大努力减少社员的损失。在市场最惨淡的时候，鸡价曾一度降到每公斤 3 元，但杨冬娇仍以每公斤 7.7 元的最低保护价收购，充分保障了社员和养殖户的利益。现在，杨冬娇通过合作社 125 名社员的蝴蝶效应，带动周边经济欠发达山区 1000 多户农户脱贫致富。125 户合作社社员平均每户年净收入达 10 万多元，最多的高达 20 多万元。在杨冬娇的领导下，温岭市兴合禽业产销专业合作社被评为"省级示范性合作社"。如今，杨冬娇成了老区群众共同致富的领路人。

多种经营，新一代"农创客"创业再出发

2012 年至 2016 年，国内连续 5 年暴发禽流感疫情，合兴禽业受到重创，特别是在 2014 年，企业更是面临破产危险。为保住父母奋斗大半辈子的心血，当时在新河镇担任大学生村官的陈美燕不得不辞职，接手父母的企业，承担起"复兴"公司的重担。

陈美燕这个"80 后"女孩，属于新一代的"农创客"。她发现，合作社经营的产品过于单一，只有乌鸡蛋和苗鸡，销售渠道窄、适应市场的能力不足，而且企业把乌鸡蛋的主要市场放在欧洲，产品出口受外贸政策影响较大，不够稳定。为了开拓新的市场，陈美燕拿到驾照的第二天便开车到各大农贸市场调研。短短 1 个多月时间，陈美燕跑了 100 多个农贸市场。在与商户交流后她发现，普通市民对土鸡蛋的需求量很大，而乌鸡蛋只有孕妇、儿童等特殊人群才有需求，这让她意识到产品多样性很重要。之后，陈美燕便开始引进、培育黑羽乌骨鸡、土种鸡，增加鸡蛋品种，并用黑羽乌骨鸡与土鸡杂交，培育出了产蛋率比黑羽乌骨鸡高的新品种。该品种蛋鸡产的鸡蛋外壳呈绿色，营养价值比土鸡蛋还高。就这样，陈美燕用 1 年多时间，在温岭市每个农贸市场都设立了鸡蛋直销点，使"合兴"的"3 个蛋"名声越来越响，企业也扭亏为盈。2016 年，企业经营额达 551 万元，利润达 41 万元。2018 年，企业经营额更是突破千万，达到 1029 万元，利润达 70 万元。

方山云雾茶业:
从荒园到"生态茶园",追梦"开心农场"

狄漯娜

方山云雾茶种植于海拔 520 多米的高山上,常年云雾弥漫造就了云雾茶的独特品质。方山云雾茶芽叶肥壮,富含氨基酸,具有形扁、色翠、香浓、味甘的品质,有一批忠实拥趸。成立于 2011 年的台州市方山云雾茶业开发有限公司是一家集茶叶种植、采集、加工、销售及茶文化挖掘、整理、研究为一体的民营企业。目前公司年产干茶 3.8 吨,年销售收入达 1650 万元以上,获得了"全国四星级农业休闲观光园区""浙江省名茶行业十佳优秀企业""浙江休闲农业与乡村旅游示范点""浙江省现代农业科技示范基地""农业'机器换人'示范基地""台州市农业龙头企业"等多项荣誉。

科学规划，优势融合，从荒园到立体化茶园

方山云雾茶种植地位于大溪镇滥田湖村，该村是有名的穷山村，刚开始全村只有几块不成片、不规则的冷水田。民国二十八年（1939），黄米正开始在滥田湖村大面积种植方山云雾茶，这才有了大片的茶园。20世纪六七十年代后期，由于茶业的萧条，方山云雾茶也开始走下坡路，最后茶园成片荒废，变成只有杂草覆盖的荒园。

在外做生意的黄瑞兵是黄米正的后人，2006年村民邀请他回村整理茶园，而当时滥田湖村的四百亩茶园只不过是杂草纷乱的四百亩荒园。黄瑞兵想着村民靠山只能吃山，只有充分利用闲置的荒园才能造福村民。在经过多次思想斗争后，他终于回到滥田湖村，并克服了常人难以想象的困难，一步一个脚印把村里的荒园建设成如今规模的茶园。

黄瑞兵对茶园进行科学规划，一开始的定位就是绿色生态。除了组织劳动力除杂草、松土地，他还亲自去省林学院参加培训，邀请专家指导种植并置换新品种。他在茶园里构筑起了一条"生态链"，放养了近千只鸡，坚持不用农药治虫，不施化肥。黄瑞兵说："防虫防害不是靠赶尽杀绝，虫害自有天敌。"

除了打造生态茶园之外，黄瑞兵又依托方山景区，将旅游资源、文化资源和茶园经营相结合。如今的方山云雾茶业开发有限

公司拥有茶园、农家乐、茶文化博物馆及青少年教育基地,发展出了"农业＋文化＋生态"的新模式。"党的十九大提出了乡村振兴战略,依托方山景区旅游资源结合茶文化资源,茶旅融合发展,也增加了我们农民的收入。"黄瑞兵说。

文化助力,品牌兴茶,提升产业综合实力

回顾方山云雾茶业开发有限公司走过的创业之路,黄瑞兵始终认为品质是企业不断前进的动力,种茶没有捷径可走。自方山云雾茶业开发有限公司成立之初,黄瑞兵就十分重视品牌的建设,品牌建设是让他的茶叶走出茶园,走向世界的重要手段。"一个成功的企业,最终经营的不是商品,而是品牌文化。"黄瑞兵说。经过5 年的努力,2011 年方山云雾茶业开发有限公司出品的"剑岩"牌方山云雾茶获得全国全优农产品(北京)展销会金奖,后又被浙江省商务厅授予"浙江省老字号"殊荣。2019 年,方山云雾茶获得了绿色食品认证。10 余年发展历程,方山云雾茶业开发有限公司获得了各类荣誉 20 多项。

为进一步提高品牌的知名度,方山云雾茶业开发有限公司精心打造了一个茶文化博物馆,展示茶的历史、茶的种类以及开展各类茶艺教学和展示活动,赋予茶叶更多的文化内涵,带给顾客更多文化与茶相融合的休闲体验。同时公司还开办了青少年教育基地,为当地学校体验采茶、饮茶的教学活动提供场所,这也成了宣

传、推广茶文化的重要窗口。茶文化赋予了方山云雾茶更丰富的内涵，也提升了方山云雾茶业开发有限公司的产业综合实力。

标准支撑，科技引领，打造茶叶"全生态"

传统茶业实现现代化发展，标准化建设是必由之路。2014年，在黄瑞兵的带领下，公司申报了温岭市农家乐服务试点，并于2015年通过了温岭市级验收。经改进提高，黄瑞兵于2016年向台州市提出了承担台州市服务行业标准化试点的申请，同年5月，全面启动市级服务标准化试点项目的组织实施工作。2016年7月，公司制定发布了标准化试点工作的规划和实施方案，并于2016年9月发布了由服务通用基础标准体系、服务保障标准体系和服务提供标准体系三大子体系组成的农家乐服务标准体系。

创新才能永葆企业发展活力。如今的方山云雾茶园里，现代化设备串联起一个庞大的物联网。2017年，茶园内搭建起了一套集水肥一体化、数据分析、实时监控等多种功能为一体的茶园物联网系统，可以全程追踪茶园内的种植、培育、采摘、加工、仓储、运输及消费等情况。通过这套物联网系统，可以精准地对茶树进行灌溉和施肥，给茶树提供更好的生长环境。2019年1月，茶园获评农业"机器换人"示范基地（茶叶）。在黄瑞兵看来，科技的应用降低的是成本，提高的是质量，而且让消费者可以获取从茶叶采摘、加工到运输的各个环境的信息，实现产业链上下游信息汇集和融合，不仅能让企业督促自身强化管理，提升质量，更让消费者可以看得明白，买得放心。

方山云雾茶业开发有限公司一直坚持走现代化农业发展质量之路，通过技术、管理的创新，以及标准化的实施，不断提升自身综合实力，保持不断前进的动力。

小小的一片茶叶，在这里品出了万千滋味。方山云雾茶业开发有限公司创始人黄瑞兵凭借犹如老茶树的那股韧劲，将一身汗水化作了满怀清香。他积极引导村里农民共同种茶致富，在公司的带动下，原先滥田湖村的一片荒园，如今已逐步形成了以农业生产为依托，以茶业、农家乐餐饮服务为延伸，涵盖休闲、娱乐、文化等方面的"开心农场"。

红日供销:专研＋协作,深耕出农业的致富之路

彭 立

　　一望无际、绿油油的西蓝花种植基地,清洁卫生、高效运作的全自动食品生产线,繁忙又井然有序的出货仓库……走进温岭市红日供销有限公司(以下简称红日供销),眼前看到的是现代化农业生机勃勃的一幕幕。这家成立不过 5 年的年轻企业,现已发展成为以粮食、果蔬精深加工、冷藏、储运、销售为主,产供销信息服务一体的现代化公司,建有办公、加工、冷藏、保鲜、仓储场地 6207平方米,农业标准化、产业化示范基地 3.05 平方千米,与农业农村部南京农业机械化研究所、浙江省农科院研究所、浙大农学研究所合作建立了科地协作的千亩农、教、科示范园区,由温岭市政府批准授牌,在四川茂县建立"东西部扶贫协作创业致富带头人培训基地"。红日供销的农产品远销澳大利亚、俄罗斯、日本、韩国及东南

亚等多个国家和地区,年产值达 1000 余万元,逐年稳步增长,发展态势良好。回顾红日供销的成长故事,我们看到了一条用专研和协作走出的农业致富之路。

延长产业链,提升附加值

在红日供销成立之初,包括温岭在内,台州大多种植户的西蓝花都是经过初加工后,供应给绍兴、金华、宁波、杭州等地的企业,由这些企业进行深加工后,以较高的身价被运出国门,销往日本、美国、俄罗斯、新加坡等十几个国家和地区。以同等重量的西蓝花计算,深加工后的收益比初加工高了 25%—40%。在西蓝花产业中,温岭赚的是低附加值部分,高附加值部分都被市外深加工企业赚走了。

为了提高产品附加值,延长西蓝花产业链,2018 年初,红日供销投入 2500 余万元,引进国内先进的速冻处理流水线并配套速冻机等设备,建设了台州市第一条集生产、加工、保鲜、速冻于一体的速冻加工流水线,日加工能力可达 100 吨,加工成品 50 吨。经过处理的西蓝花在出口市场能卖到 6000—7000 元一吨,而现在市场上鲜西蓝花的价格仅 2000 多元一吨。

2019 年,该项目共消化周边种植户 1 万多亩的西蓝花产出,产值 800 多万元,可实现经营利润 40 万元,辐射带动周边农户 300 户,户均增收 1 万元以上。

品质创新，打造食品放心工程

作为一家农业食品企业，食品质量是企业的立足之本。红日供销一直致力于提高产品质量和食品安全等级，其生产的西蓝花经温岭市农林局抽样送检，绿色指标合格率100%，并连续5年被认证为绿色食品。红日供销还通过了食品生产企业HACCP食品安全管理体系认证，真正做到了所有产品源头可溯、全程可控、风险可防、责任可究。

红日供销目前的产品主要分两类：一类是冷冻果蔬等初级农产品，利润空间相对较小；另一类是公司自主研发的即食食品，利润空间相对较大。因此，红日供销决定投入资金自主研发即食食品。

为了提升即食类产品的核心竞争力，红日供销重金聘请了国家级烹饪大师许李军进行产品的研发调味，通过对原材料的严格把控和口味的多次改良，先后研发出了猪油雪菜、雪菜毛豆、金瓜美梅、蟹黄白玉笋、话梅芸豆、酒香毛豆、脆脆心、蟹黄香菇、白花脆、酱萝卜、水晶萝卜等一系列市场畅销的即食食品。2019年的浙江省农业博览会上，"白花脆"荣获新产品金奖。

同时，公司建立了成熟的产品更新迭代机制，根据消费者的反馈不断完善产品品类，以保证公司的产品布局符合市场需求发展趋势，兼顾产品的多元化和精品化。2019年，公司的即食产品产值达200多万元，占公司总利润的20%左右。

协作帮扶，开拓双赢致富路

温岭对口帮扶的茂县是四川省现代农业基地强县，蔬菜生产以精品甜椒、微型辣椒、番茄、莴笋、大白菜、萝卜、甘蓝等高山绿色蔬菜为主，年蔬菜产量可达 13 万吨。但由于销售渠道单一，优质绿色蔬菜却卖不出好价钱，影响了茂县农民增收致富。

2019 年 7 月，在温岭援茂工作组的牵线下，红日供销在茂县设立了分公司，温岭市委副书记、市长王宗明到场揭牌。红日供销在茂县收购当地的原生态高山蔬菜，帮助拓宽农副产品销售渠道，助力茂县脱贫攻坚。

红日供销有限公司茂县分公司自成立以来，共采购、销售茂县蔬菜 1286 吨，经济价值合计 462.39 万元，带动 424 名贫困群众增收。分公司还为当地 80 名贫困群众提供了季节性务工岗位，人均年收入增加万余元。下阶段，公司还计划在茂县设立蜂蜜加工厂，这样也能惠及茂县更多的贫困户。

四川省茂县三龙乡勒依村村民蒋金华是茂县建档立卡的贫困户。他不仅要供两个女儿读书，还要赡养老母亲，日子过得紧巴巴，主要依靠种植莲花白等农作物及打零工为生。"过去，在莲花白成熟的时候，我们经常为销路发愁，行情差的时候只能眼睁睁地看着莲花白烂在地里。"蒋金华说。现在，红日供销的茂县分公司和他签订了收购合同，家中 6000 公斤莲花白很快销售一空，这让他又惊又喜。

下一步,红日供销还将在茂县投资建设 5 个蔬菜种植和粗加工基地,补齐茂县蔬菜冷链仓储、加工短板,着力将茂县打造为公司面向东南亚的出口基地,通过订单农业,惠及更多茂县农户。

公司负责人江福初表示:"红日供销在专注自身发展的同时,也带动着周围村庄,带动着千里之外的茂县农民发展,相信这样的道路将来会越走越宽畅。"

中和联合会计师事务所：做好企业的"智囊团"

赵碧莹

作为温岭市中和联合会计师事务所（以下简称中和）的领航人，钟永成拥有众多头衔，诸如高级会计师、注册会计师、注册税务师、注册资产评估师，兼任浙江省注册会计师协会理事、专业技术委员会委员，台州市注册会计师协会副会长、专业技术委员会主任委员。他还兼任四家上市公司（新界泵业、永高股份、中来股份、信质电机）的独立董事和一家上市公司（爱仕达）的会计顾问。钟永成的生活状态用一个字就足以形容：忙！

一年 365 天，在大多时间里，钟永成都埋首在账本里，沉浸在资料中，和各种烦琐的数字打交道，帮助企业审计、验资、评估资产、管理财务，帮助企业并购重组、改制上市、完善内控制度、策划投资方案……这一忙就是三十几年时间。

在这三十几年里，钟永成见证了会计师行业在企业家心目中从最初的小众到如今的必不可少，也经历了民营经济浪潮下温岭民营企业的一路成长。

机遇来得刚刚好，第一届注册会计师全国统一考试开考

钟永成真正成为注册会计师，还得从 1991 年说起，第一届注册会计师全国统一考试就在那一年举行。"说起来，这个还得感谢一下我的老师，我原本是中专学历，但是想要考注册会计师的基本条件是大专学历，在那之前，我就在老师的鼓励下，刚刚取得了大专学历。"

就是那么刚刚好，钟永成大专刚毕业，第一届注册会计师全国统一考试就开考了，而基本条件就是要有大专学历。

除了参加了第一届注册会计师全国统一考试外，钟永成还在所在单位的推荐下，参加了全国首届会计知识竞赛。"我也是参加了比赛后，才第一次对会计师事务所有了概念。"他说，那时候温岭的会计师事务所还归属于财税局，属于行政事业单位。"我通过会计师考试，还在全国会计知识竞赛上获奖后，就被财税局看中，进入了当时的温岭会计师事务所。"

当时的会计行业还没现在那么忙，温岭会计师事务所一年的业务量也就十几万元，主要的工作是审计三资企业、国有企业等的财务报表。"不像现在，民营企业对会计师的需求量那么大，当时

的温岭民营企业根本不在乎财务管理,我们的服务对象只有三资企业和国有企业。"钟永成说。

会计师行业第一场变革发生在 1999 年。"西方国家对会计师事务所提出异议,他们认为会计师事务所和国有企业同属于国家单位,不够独立。所以从 1999 年后,会计师事务所从财税局脱钩。"钟永成和原来温岭会计师事务所的同行一起完成了脱钩改制,共同成立了台州天一会计师事务所。

2002 年,钟永成又从台州天一会计师事务所脱离出来,与现在的合伙人吴丹君成立了如今的温岭市中和联合会计师事务所。

民营经济浪潮袭来,会计师有了用武之地

随着民营经济的慢慢发展,新成立的中和联合会计师事务所的业务内容发生了变化。

"其实我们刚从财税局出来时,接的业务还是多以法定业务为主,比如企业必须要做的年报审计。"但是钟永成并不愿就此止步,"中和联合会计师事务所成立后,我就慢慢开始改变方向,以会计顾问为切口,慢慢走进企业,帮助企业改善内控制度、策划投资方案、筹划税收等。"

钟永成第一次做会计顾问是在爱仕达,当时爱仕达的产值才2000 多万元,那时候温岭也没有哪家企业在找会计顾问,对于专业会计师,温岭的企业还抱着可有可无的态度。

"在我看来，会计师的工作不仅只是为出具审计或验资报告而审计，而且要考虑委托单位的整体方案是否会对委托单位不利，是否会有其他更好的方案可以降低委托单位的税收成本；或者发现委托单位的内控漏洞而提出改正方案，使委托单位受益。"钟永成记得，刚成为爱仕达会计顾问时，爱仕达在全国各地已经有了五六十个办事处，但这些办事处都没有设专职会计，大多数的办事处经理就兼顾着会计的工作。"会计和办事处负责人是同一个人就无法相互监督，会计核算也会比较混乱，所以我当时就向老总建议各办事处的会计实行'总部委派制'，即各办事处的会计全部统一由总部在全国各地招聘，在总部统一培训经考试合格后，统一分派到全国各办事处，其人事关系由总部的人事部统一管理，考勤由各办事处考核，基本工资由各办事处发放，奖金由总部直接发放。"

钟永成的建议得到了老总的批准，爱仕达在成都、武汉、西安等城市公开招聘了会计人员。经培训后分派到各办事处后，各办事处的会计到位后发现了不少问题和漏洞并实地进行了完善，帮助公司堵住了漏洞，提高了公司的经济效益，为爱仕达以后的顺利上市打下了坚实的基础。

作为会计顾问，钟永成最初对温岭企业的印象是"很多老板对于税收和财务一点都不了解，而我们所要做的就是帮助他们降低税收成本"。钟永成记得此前有一家房地产公司老板找到自己，说他开发的一个房地产楼盘，销售总额五六个亿，现有一家税务师事务所给他做土地增值税结算，初步的结论是要缴税6000多万元，但这个楼盘全部利润也没有 6000 万元。钟永成乍听此事,凭着直觉就认为土地增值税的税负不会这么高。"后来我发现,按该税务师事务所的算法,在税收上对他们是很不利的,所以我们采用其他的计算方法结算,最后该公司只缴纳了 900 多万元的土地增值税。"

2008 年,金融危机来袭,企业日子一下子变得很难过。有个企业老板聘请钟永成当顾问,钟永成发现该公司在现有的采购款结算体系下,如能巧妙地使用银行承兑汇票,不仅能让供应商也得到利益,每年还可以节省几百万元的财务费用。事后公司的老板和总经理惊奇地发现财务管理竟有如此神奇的效果,都兴奋地表示要跟着他学习会计知识。后来,钟永成以此为案例撰写了题为《注册会计师帮助企业"过冬"案例剖析》的专业文章发表在《中国注册会计师》2011 年第 2 期上。

资本市场逐渐活跃,让企业价值最大化

这几年,钟永成还在不少温岭企业上市、并购、资产重组等方面扮演着重要的角色。

"近 5 年来,我明显可以感受到温岭企业在越做越大,在市场上也越来越引人注目,资本市场逐渐在温岭活跃,企业并购重组、企业上市也越来越多。"钟永成说。

他告诉笔者:"也许是因为温岭企业近几年亮点比较多,所以

外来企业收购温岭企业也逐渐增多。在企业被收购时，我们财务顾问所要做的就是将企业的利润、价值和实力真实还原，通过资产评估，实现利益最大化。"

钟永成举例说，他曾碰到过一家法国企业想并购一家温岭企业。最初，温岭这家企业采用国际通用的收益法来评估企业价值，但这种方法往往容易将非经营资产的价值忽略掉，可如果使用资产基础法评估，又会遗漏无形资产。

"后来在谈判时，对方接受收益法的评估结论，我提出应将公司非经营资产的价值加上去。通过重新估算，评估出来的价值和他们最初评估出来的价值相差了一个亿。"钟永成自豪地说，这就是专业会计师的作用。

不单单是这家企业，此前，在宝利特集团股份有限公司、浙江浙诺尔（集团）股份有限公司改制资产重组时，钟永成利用会计专业知识和税收法规的相关规定，为他们设计出的资产重组方案，既合理规避了改制重组的法律和涉税风险，又理顺了他们的治理结构，规范了会计核算，明晰了资产，降低了改制的税收成本。所降低的税收成本和消防、质监、房管、土管等监管成本，每家都超过一千万元。后来，浙江省财政厅在介绍浙江省注册会计师充分发挥专业优势服务浙江经济发展时，在 2006 年 12 月 6 日出版的《浙江财政信息》增刊第 43 期上，对钟永成所带领的团队在从事这方面的业务如是描写："又如温岭市中和联合会计师事务所在担任民营企业改制重组财务顾问中，熟练运用专业知识、税收政策以及企业分设、股权变更、财产过户的规定和程序,既合理规避了民营企业改制重组的法律和涉税风险,又降低了民营企业改制重组成本,较好地兼顾了国家、企业、股东三者的利益。"

近几年,钟永成又忙着给台州的企业策划上市并进行新三板和 IPO 的审计和前期调账等专业服务工作。现在中和服务过的成功挂牌"新三板"的企业有力驰雷奥、艾彼模具、诚源环保等,上优刀具在新三板挂牌过程中被一家上市公司成功收购;正在服务的企业有实创物业、新大陆电子、中亚齿轮箱、昌弘锅炉等;正在做 IPO 的企业有恒泰源聚氨酯,还有好多企业正在洽谈中。中和现在还正为两家上市公司进行内部审计,发现了不少内控缺陷,堵上了很多漏洞,为企业提高管理水平,进一步提高整体效益发挥了很好的专业作用。

僧多粥少怎么办? 会计人才自己来培养

"其实这几年企业已经越来越重视财务管理,以前与企业家们说会计的重要性,他们都不以为意,现在则是他们追着我们要人,只是可惜如今市场上人才难寻,即使是高价聘请,有时候企业都找不到合心意的会计师。"钟永成说。

钟永成旗下的会计师基本都是抢手货,今年上半年,中和都处在忙碌阶段,每晚加班是常事。"对于我们来说,基本就没有什么休息日,我以前大年初二都会被老板叫过去商量新项目开发。还有一次大年初四,我们全家在上海玩,结果一家企业老板打电话过来,说他人在上海,让我直接去开会。"钟永成说,现在中和一年要服务五六百家企业,而他们总共只有 60 多个人,忙碌程度是可想而知的。

僧多粥少怎么办?只能自己培养人才。

钟永成不仅自己先后受温岭电大、中华会计函授学校温岭函授站、温岭市职业技术学校、温岭市太平文化技术学校、温岭市育才中学的聘请担任会计教师,而且还成立了一家温岭市中和会计培训中心,针对新手,手把手教他们如何成为一个合格的会计,有实际操作经验的会计师也会带着这些学生直接接触企业的账本,让他们实践操作。

除了培训新手,2010 年,钟永成还成立了中和纳税人俱乐部,俱乐部的成员都是温岭大中型企业的财务总监,主要就是为了让温岭企业的财务骨干能够更加了解企业财务管理、了解税收筹划。"其实我们如今也经常会为企业老板做培训。比如说,我们之前就接受了温岭市工商行政管理局的邀请,对太平、松门、箬横、泽国、新河等镇和街道的一些企业家进行了培训,内容为企业老总如何看懂会计报表,如何掌握成本、决策销售,如何做到在遵纪守法的前提下合理避税。"钟永成说,他也曾接受台州市注册会计师协会的邀请,连续几年担任台州市注册会计师考试的审计科目的辅导老师,最近又给台州市各会计师事务所的业务助理人员进行了一次业务知识培训。"主要就是为他们讲解审计时的重点、难点,应该如何为企业做纳税策划等。"他说，"当时我们推出 50 个报名名额，一下子就报满了，很多人还抱怨名额太少呢。"

面对台州民营经济蓬勃发展的势头，钟永成信心百倍。他告诉笔者，中和以后将在为企业进入资本市场挂牌新三板和 IPO、完善内控管理、企业并购重组过程中担任会计顾问和税收筹划四个方面发挥出更大的专业优势，为台州的民营企业创造更大的价值。